marmiton

LA CUISINE DE Noël

100 % certifié fait maison

60 RECETTES FESTIVES

Michel LAFON

Sommaire

RECETTES

AMUSE-GUEULES

Tartelettes aux cèpes | **6**

Verrines de saumon, avocat et pamplemousse | **8**

Verrines apéritives betterave-chèvre | **10**

Macarons châtaigne et magret de canard fumé | **12**

Mini-bûches salées roquefort et truite fumée | **14**

Bonshommes de neige en boudin | **16**

Millefeuilles de blinis | **18**

Cassolettes de saint-jacques | **20**

Verrines de poire au foie gras | **22**

Macarons chèvre et miel | **24**

Comment bien choisir son saumon fumé, ses saint-jacques, son foie gras et son magret ? | 26

RECETTES

ENTRÉES

Tatin de magret de canard au foie gras | **30**

Cappuccino de noix de saint-jacques | **32**

Terrine de champignons | **34**

Saumon gravlax | **36**

Huîtres gratinées au beurre d'escargot | **38**

Velouté de champignons et son œuf poché à l'huile de truffe | **40**

Cuillères apéritives de topinambours et œufs de caille | **42**

Aumônières de langoustine | **44**

Ravioles de foie gras, châtaignes et bouillon de cèpes | **46**

Salade de mesclun à la courge confite et au parmesan | **48**

RECETTES

PLATS

Magret de canard au thé et à l'orange | **52**

Risotto milanais | **54**

Poêlée de rougets à la clémentine | **56**

Mijoté de pintade au foie gras | **58**

Cailles aux baies de genièvre | **60**

Poulet au champagne et à l'estragon | **62**

Hamburger de foie gras | **64**

Patates douces farcies | **66**

Doro wat ou poulet en sauce | **68**

Filet de bœuf Wellington | **70**

Saltimbocca de veau et jambon de Parme | **72**

Chapon farci aux fruits secs | **74**

Les accords mets et vins | 76

RECETTES

DESSERTS & MIGNARDISES

Bûche légère aux marrons | **80**

Bûche trois chocolats | **82**

Nougat glacé à la Mandarine impériale | **84**

Panna cotta à l'amande | **86**

Tiramisu aux marrons | **88**

Vacherin glacé vanille-spéculoos | **90**

Mont-blanc au coco | **92**

Marquise glacée au chocolat noir et aux amandes | **94**

Florentins | **96**

Duchesses | **98**

Truffes au chocolat et au Grand Marnier® | **100**

Nougat noir | **102**

RECETTES

BOISSONS

Vin chaud aux épices | **106**

Soupe champenoise | **108**

Glögg | **110**

Rhum arrangé d'hiver à la cannelle | **112**

RECETTES

BRUNCH

Omelette crémeuse aux truffes | **116**

Salade au magret de canard et mangue | **118**

Cake salé aux noisettes, pancetta, gorgonzola | **120**

Pancakes épais à la cannelle | **122**

Pain d'épices léger | **124**

Stollen | **126**

Lait de poule | **128**

Chocolat chaud du Père Noël | **130**

Thé de Noël | **132**

RECETTES

AVEC LES RESTES

Tourte au poulet, champignons et lardons | **136**

Aumônière de foie gras | **138**

Gratin de pâtes au saumon fumé | **140**

Noël anti-gaspi : que faire avec les restes des fêtes ? | 142

RECETTES

AMUSE-GUEULES

RECETTE

AMUSE-GUEULES

VÉGÉTARIEN

Tartelettes

AUX CÈPES

PAR noor_16559482

Pour **6 tartelettes**

Préparation **15 minutes**

Cuisson **25 minutes**

Difficulté **Très facile**

Coût **Moyen**

INGRÉDIENTS

1 pâte brisée

6 grands cèpes

Huile d'olive

1 gousse d'ail

3 cuil. à soupe de crème fraîche

Parmesan râpé

Sel, poivre

LES INDISPENSABLES

6 moules à tartelettes

1. Foncez vos moules à tartelettes.
2. Faites cuire les fonds de pâte à blanc : mettez des légumes secs sur un morceau de papier cuisson posé sur les fonds de tarte.
3. Enfournez pour 15 min à 220 °C (th. 7-8).
4. Retirez le papier et réenfournez pour 5 min.
5. Préparez les cèpes (s'ils ne sont pas déjà cuits et mis en conserve), faites-les cuire en petits morceaux dans un fond d'huile d'olive (il faut qu'ils soient fondants).
6. Dans un bol, mélangez les cèpes, l'ail pressé, la crème, salez et poivrez.
7. Ajoutez 2 grosses cuil. à café de parmesan et mélangez.
8. Mettez la préparation obtenue sur les tartelettes préalablement cuites.
9. Saupoudrez de parmesan.
10. Mettez 5 min sous le gril et dégustez.

ASTUCE

Ces tartelettes peuvent se servir en entrée, sur un lit de roquette avec des tranches de jambon de Bayonne.

RECETTE

AMUSE-GUEULES

SANS GLUTEN

Verrines de saumon

AVOCAT ET PAMPLEMOUSSE

PAR emma_17078027

Pour
4 personnes

Préparation
20 minutes

Cuisson
8 minutes

Difficulté
Facile

Coût
Moyen

INGRÉDIENTS

1 pavé de saumon

2 avocats

1 citron vert (zeste + jus)

20 cl de crème liquide entière très froide

1 sachet de fixe chantilly

2 feuilles de gélatine

1 pamplemousse

2 blancs d'œufs à température ambiante

1 pincée de sel

Baies roses

LES INDISPENSABLES

4 verrines
1 poche à douille

1. Faites cuire le pavé de saumon, en laissant le centre rosé (mi-cuit), soit environ 8 min.
2. Détachez la chair à la main, en respectant la structure du saumon et coupez en petits cubes.
3. Coupez les avocats en dés et citronnez-les au citron vert. Répartissez les dés dans 4 verrines et ajoutez les dés de saumon par-dessus.
4. Fouettez en chantilly 20 cl de crème liquide. Ajoutez 1 sachet de fixe chantilly et réservez au réfrigérateur.
5. Faites ramollir 2 feuilles de gélatine dans un peu d'eau froide.
6. Réservez un peu de pulpe de pamplemousse pour la déco, puis pressez-le.
7. Prélevez 1 cuil. à soupe de jus et faites-le chauffer légèrement au micro-ondes. Faites fondre la gélatine égouttée dans le jus réchauffé. Mélangez au reste du jus, puis incorporez à la crème chantilly.
8. Montez les 2 blancs d'œufs et 1 pincée de sel en neige ferme (mais pas trop), puis incorporez à la crème.
9. Réservez environ 10 min au congélateur (la mousse doit tenir sans être ferme).
10. Répartissez dans les verrines avec une poche à douille.
11. Décorez avec des herbes, un peu de pulpe de pamplemousse et des zestes de citron vert. Servez sans attendre.

ASTUCE
Vous pouvez remplacer le saumon frais par des dés de saumon fumé.

RECETTE

AMUSE-GUEULES

VÉGÉTARIEN

Verrines apéritives

BETTERAVE-CHÈVRE

PAR Lilielo

Pour
12 verrines

Préparation
20 minutes

Difficulté
Très facile

Coût
Bon marché

INGRÉDIENTS

3 betteraves

1 bouquet de persil ciselé

200 g de chèvre frais

2 cuil. à soupe d'huile d'olive

200 g de fromage blanc

LES INDISPENSABLES

12 verrines

1. Coupez les betteraves en petits dés.
2. Disposez une couche de dés de betteraves au fond des verrines, puis ajoutez un peu de persil ciselé par-dessus.
3. Dans un bol, mélangez le chèvre frais coupé en dés (réservez-en un peu pour la dernière couche) avec l'huile d'olive et le fromage blanc.
4. Versez un peu de cette sauce sur le persil, dans les verrines.
5. Disposez une nouvelle couche de dés de betteraves et parsemez de quelques dés de chèvre. Décorez de persil.
6. Servez avec des cuillères à moka ou des cuillères à l'heure de l'apéro.

ASTUCE

Ces verrines sont très faciles à réaliser. Vous pouvez aussi intercaler une couche de feuilles de mâche et planter des biscuits apéritifs pour parfaire la déco et/ou remplacer le fromage de chèvre par un autre fromage frais, comme de la feta.

Macarons châtaigne
ET MAGRET DE CANARD FUMÉ

PAR jade_16720585

Pour **50 macarons** | Préparation **30 minutes** | Séchage **30 minutes** | Cuisson **10 minutes** | Difficulté **Facile** | Coût **Moyen**

INGRÉDIENTS

110 g de poudre d'amandes

80 g de farine de châtaigne

310 g de sucre glace

5 blancs d'œufs

95 g de sucre semoule

30 g de noisettes entières (sans coque)

200 g de crème de marrons

2 magrets de canard fumés tranchés finement

L'INDISPENSABLE

1 poche à douille

1. Préchauffez le four à 150 °C (th. 5).
2. Dans une jatte, mélangez la poudre d'amandes, la farine de châtaigne et le sucre glace à l'aide d'une spatule.
3. Montez les blancs d'œufs en neige : lorsqu'ils sont fermes, ajoutez le sucre en trois fois sans cesser de battre.
4. Incorporez les blancs aux poudres et travaillez le mélange jusqu'à ce qu'il soit lisse et brillant, puis versez la préparation dans une poche à douille.
5. À l'aide de la poche à douille, dressez de petits macarons sur une plaque préalablement tapissée de papier cuisson et laissez sécher 30 min.
6. Concassez grossièrement les noisettes et parsemez les brisures sur la moitié des macarons.
7. Enfournez les macarons à mi-hauteur pour 9-10 min.
8. Lorsqu'ils sont cuits, détachez-les du papier cuisson : passez de l'eau froide sur l'envers de la feuille immédiatement après la sortie du four, puis détachez-les délicatement.
9. Laissez refroidir.
10. Pour le dressage, déposez un peu de crème de marrons sur la coque de macaron sans noisettes, disposez dessus une tranche de magret de canard fumé et enfin recouvrez avec une seconde coque (avec des noisettes), en laissant l'ensemble entrouvert.

ASTUCE
Vous pouvez aussi ajouter une demi-noisette et un brin d'aneth entre la coque du dessus et le magret de canard fumé (soignez davantage la présentation dans ce cas !).

RECETTE

AMUSE-GUEULES

Mini-bûches salées

ROQUEFORT ET TRUITE FUMÉE

Pour	Préparation	Cuisson	Difficulté	Coût
6 personnes	20 minutes	15 minutes	Facile	Moyen

INGRÉDIENTS

3 œufs

1 pincée de sel

15 g de farine

25 g de Maïzena®

½ sachet de levure

80 g de beurre

1 cuil. à café de paprika

1 cuil. à soupe de concentré de tomates

50 g de gruyère râpé

200 g de roquefort

1 petit-suisse nature

1 bouquet de ciboulette

60 g de noix concassées

6 tranches de truite fumée

Poivre

LES INDISPENSABLES

1 fouet
1 emporte-pièce rectangle

1. Préchauffez le four à 200 °C (th. 6-7).
2. Pour préparer la génoise, commencez par séparer les blancs des jaunes d'œufs.
3. Dans un saladier, montez les blancs en neige avec 1 pincée de sel.
4. Battez les jaunes, ajoutez la farine, la Maïzena®, la levure, le beurre, le paprika, le concentré de tomates et le gruyère. Mélangez et incorporez délicatement les blancs en neige.
5. Étalez la préparation sur une plaque de four préalablement recouverte de papier cuisson et enfournez pour 10-15 min.
6. Mélangez le roquefort avec le petit-suisse, ajoutez la ciboulette ciselée et poivrez.
7. Une fois la génoise cuite, couvrez-la avec un torchon, réservez et laissez tiédir.
8. Pour monter la bûche, commencez par couper la génoise à l'aide d'un emporte-pièce rectangle en 18 portions individuelles.
9. Tartinez une première couche de génoise de roquefort, parsemez d'éclats de noix et déposez des lamelles de truite fumée.
10. Déposez une seconde couche de génoise, du roquefort, des éclats de noix, de la truite et terminez par une couche de génoise parsemée d'éclats de noix.

RECETTE

AMUSE-GUEULES

Bonshommes de neige
EN BOUDIN

Pour	Préparation	Cuisson	Difficulté	Coût
6 personnes	20 minutes	10 minutes	Très facile	Bon marché

INGRÉDIENTS

2 feuilles de gélatine
2 boudins blancs
1 noix de beurre
80 g de compote de pommes

LES INDISPENSABLES

1 évideur à pomme
Des piques en bois

1. Mettez les feuilles de gélatine à tremper dans de l'eau froide.
2. Coupez les boudins en rondelles épaisses.
3. Faites revenir les rondelles de boudin à la poêle avec un peu de beurre.
4. À l'aide d'un évideur à pomme, retirez le centre de chaque rondelle de boudin (ne vous débarrassez pas des centres).
5. Faites chauffer la compote de pommes avant d'y incorporer les feuilles de gélatine essorées.
6. Garnissez chaque grande rondelle de boudin de compote et laissez reposer au frais.
7. Sur une pique en bois, piquez une petite rondelle de boudin et en dessous, une grande rondelle à la pomme de façon à former un bonhomme de neige.
8. Décorez selon votre goût et ce que vous avez sous la main.

RECETTE

AMUSE-GUEULES

Millefeuilles DE BLINIS

PAR romy_14311060

Pour **6 millefeuilles**

Préparation **15 minutes**

Cuisson **10 minutes**

Difficulté **Facile**

Coût **Moyen**

INGRÉDIENTS

18 blinis

1 oignon

2 cuil. à soupe d'huile d'olive

250 g de miettes de crabe

25 brins de ciboulette

20 g de beurre

200 g de crevettes roses

3 pincées de curry

20 cl de crème liquide

Sel, poivre

L'INDISPENSABLE

1 mixeur

1. Émincez l'oignon et faites-le revenir dans une poêle avec 2 cuil. à soupe d'huile d'olive pendant 3 min.
2. Ajoutez les miettes de crabe et la ciboulette ciselée.
3. Salez, poivrez et mélangez pendant encore quelques minutes (2-3 min environ). Retirez du feu.
4. Dans une autre poêle, faites chauffer 20 g de beurre et faites revenir les crevettes roses décortiquées sur feu moyen pendant 3 min.
5. Salez, poivrez et ajoutez le curry, puis la crème liquide. Retirez du feu et mixez la préparation.
6. Montez les millefeuilles : posez un blini, ajoutez de la préparation au crabe, un deuxième blini, de la préparation au crabe et fermez avec un troisième blini. Versez un filet de sauce aux crevettes sur le dessus.

Cassolettes DE SAINT-JACQUES

PAR camila_16373626

Pour **4 personnes**

Préparation **20 minutes**

Cuisson **20 minutes**

Difficulté **Facile**

Coût **Moyen**

INGRÉDIENTS

3 oignons

1 gousse d'ail

300 g de champignons de Paris frais

400 g de noix de saint-jacques

2 cl de whisky (ou autre alcool à flamber)

20 crevettes roses fraîches

Persil frais

Huile d'olive

Margarine pour graisser les cassolettes

Pour la sauce :

15 cl de vin blanc

20 cl de crème fraîche

2 cuil. à soupe de farine

LES INDISPENSABLES

4 cassolettes individuelles allant au four

1. Épluchez puis coupez finement les oignons et l'ail. Émincez les champignons.
2. Faites revenir l'ail et les oignons dans une poêle avec un filet d'huile d'olive.
3. Faites cuire les champignons dans une deuxième poêle.
4. Faites dorer les noix de saint-jacques à la poêle avec un filet d'huile d'olive (1 min, puis retournez-les), ajoutez le whisky et faites-les flamber. Réservez le jus de cuisson.
5. Préparez les cassolettes en les graissant légèrement, puis ajoutez dans chacune d'elles des oignons, des champignons, des noix de saint-jacques ainsi que 5 crevettes et le persil préalablement haché. Réservez.
6. Préchauffez le four à 200 °C (th. 6-7).
7. Préparez la sauce. Versez dans une casserole sur feu doux le vin blanc, la crème fraîche et le jus de cuisson des noix de saint-jacques. Fouettez et ajoutez la farine pour épaissir la préparation.
8. Répartissez la sauce et la chapelure dans chaque cassolette, puis enfournez-les pour 20 min.
9. Servez sans attendre avec du riz.

RECETTE

AMUSE-GUEULES

Verrines de poire AU FOIE GRAS

PAR Marielle

Pour **2 verrines**

Préparation **15 minutes**

Cuisson **10 minutes**

Difficulté **Très facile**

Coût **Assez cher**

INGRÉDIENTS

1 poire

25 g de foie gras (canard ou oie, au choix)

1 noix de beurre

1 cuil. à café de sucre de canne

Mélange 4-épices

1 cuil. à café de miel

LES INDISPENSABLES

Des verrines

1. Épluchez la poire, coupez-la en quatre, retirez le trognon, puis coupez chaque quartier en petits dés (environ 1 cm).
2. Faites fondre une noix de beurre dans une poêle et jetez-y les dés de poire.
3. Saupoudrez avec le sucre et commencez la cuisson en remuant régulièrement.
4. Saupoudrez ensuite avec le mélange 4-épices, selon votre goût, et ajoutez la cuillerée de miel.
5. Mélangez de temps en temps et laissez caraméliser un peu. Les dés de poire doivent rester légèrement croquants. La cuisson prend environ 10 min.
6. Retirez du feu et laissez refroidir.
7. Dressez les verrines : déposez une couche de dés de poire dans le fond de la verrine. Recouvrez d'une couche de copeaux (ou dés, plus facile à faire) de foie gras, et terminez avec une nouvelle couche de dés de poire. Ajoutez enfin quelques pignons de pin, selon votre goût.
8. Vous n'avez plus qu'à déguster !

RECETTE

AMUSE-GUEULES

Macarons

CHÈVRE ET MIEL

PAR *Nikaia*

Pour	Préparation	Repos	Cuisson	Difficulté	Coût
6 personnes	**2 heures**	**30 minutes**	**30 minutes**	**Difficile**	**Moyen**

INGRÉDIENTS

Pour les biscuits :

125 g de poudre d'amandes (éventuellement mélanger moitié/moitié amandes et noisettes, *cf.* astuce)

212 g de sucre glace

3 blancs d'œufs (environ 100 g)

22 g de sucre en poudre

3 g de sel fin

Pour la garniture :

1 bûche de chèvre de type sainte-maure

1 cuil. à soupe de miel

LES INDISPENSABLES

1 fouet ou batteur
1 poche à douille

1. Dans un saladier, tamisez ensemble la poudre d'amandes (et éventuellement de noisettes, voir l'astuce) et le sucre glace. Mélangez bien.
2. Montez les blancs en neige (ferme mais pas trop), puis ajoutez le sucre en poudre et le sel et continuez à fouetter pendant 30 s.
3. Ajoutez progressivement le mélange poudre d'amandes/sucre glace aux blancs en mélangeant délicatement avec une spatule jusqu'à obtenir une pâte lisse et brillante.
4. Déposez des petits tas de pâte – de préférence tous de la même taille – sur une plaque recouverte de papier cuisson, soit en utilisant une poche à douille (douille n° 7), soit avec une petite cuillère. Les macarons vont légèrement s'étaler, donc déposez-les en quinconce et un peu éloignés les uns des autres. (Comptez environ 1 plaque par blanc d'œuf).
5. Laissez reposer les macarons pendant au moins 30 min.
6. Préchauffez le four à 160 °C (th. 5-6).
7. Chaque fournée de macarons doit cuire entre 10 et 15 min. Le mieux est de vérifier la cuisson au bout de 10 min : il faut que la croûte soit ferme mais le macaron doit être encore moelleux dedans.
8. Laissez refroidir les macarons sur une surface froide avant de les détacher.
9. Écrasez le chèvre. Ajoutez progressivement le miel en testant régulièrement pour atteindre le bon équilibre miel-chèvre.
10. Montez les macarons en assemblant deux coques avec un peu de préparation chèvre-miel au milieu.

ASTUCE

Faire des macarons moitié poudre d'amandes moitié poudre de noisettes apporte un petit plus par rapport aux macarons normaux et cela s'accorde très bien avec le chèvre.

COMMENT BIEN CHOISIR

SON SAUMON FUMÉ, SES SAINT-JACQUES, SON FOIE GRAS ET SON MAGRET ?

Saumon, coquilles Saint-Jacques, foie gras, magret de canard... Tous ces mets de choix s'invitent volontiers sur les tables des fêtes de fin d'année. Mais en décembre, l'offre est si vaste qu'il est parfois difficile de s'y retrouver. Voici quelques conseils pour faire les bons choix, et même opter pour des produits d'exception.

SAUMON FUMÉ

- D'élevage ou sauvage, les deux sont intéressants. Le saumon sauvage est plus riche en oméga-3 mais aussi plus contaminé aux métaux lourds, tandis que le saumon d'élevage est moins pollué mais parfois traité aux antibiotiques. Le saumon d'Alaska (sauvage) serait celui qui s'en sort le mieux, car la mer y est moins polluée.
- Vérifiez qu'il n'a pas été congelé avant.
- Évitez les arômes fumés et privilégiez le fumage au bois de chêne ou de hêtre.
- Préférez le salage au sel sec et non les injections à la saumure.
- Évitez les saumons qui présentent de larges nervures blanches.
- Choisissez une date de limite de consommation la plus éloignée possible.

ASTUCE
Remplacez le saumon fumé par de la truite ! Moins chère, elle gagne en qualité ces dernières années.

LES COQUILLES SAINT-JACQUES

- Achetez-les chez un poissonnier, vivantes et entières, encore dans leurs coquilles.
- Privilégiez une provenance française (où la pêche est réglementée pour ne pas abîmer et appauvrir les fonds marins).
- Privilégiez les coquilles fermées, preuve de fraîcheur.
- Vérifiez que la saint-jacques est bien lourde, qu'elle dégage une odeur légèrement iodée, qu'elle a une noix blanche et bien brillante.
- Vérifiez aussi que les coquilles ont été posées à plat sur leur côté bombé, car sinon, elles perdent leur eau.
- Choisissez une date de limite de consommation la plus éloignée possible.

LE FOIE GRAS

- Privilégiez le foie gras d'oie moins gras et au goût plus fin. Cependant, le foie gras de canard est moins cher.
- Privilégiez le foie gras entier. C'est le plus cher mais le plus haut de gamme. On lui oppose le foie gras et le bloc de foie gras.
- Optez pour des produits estampillés IGP ou Label rouge Foie gras des Landes.
- Pour le foie gras cru, privilégiez la classification « Extra » plutôt que « Premier choix » ou « Tout venant ».

LE MAGRET

- Privilégiez une provenance française, et plus particulièrement du Sud-Ouest.
- Observez son aspect : il doit être bombé et sa chair rouge foncé.
- Optez pour un canard labellisé Label rouge.
- Privilégiez une viande issue d'un canard d'élevage gras, plus tendre et savoureuse.
- Sachez que seuls les canards des espèces mulard et col vert peuvent recevoir le terme de « magret ».

RECETTES

ENTRÉES

Tatin de magret de canard AU FOIE GRAS

PAR henry_16253836

Pour **1 personne** | Préparation **25 minutes** | Cuisson **10 minutes** | Difficulté **Facile** | Coût **Moyen**

INGRÉDIENTS

1 pomme Reinette du Vigan ou pomme verte

1 noix de beurre

6 tranches de magret de canard fumé

1 cuil. à café de calvados ou alcool de pomme

1 rondelle de pain de mie grillé

1 tranche de foie gras (prêt à consommer)

L'INDISPENSABLE

1 timbale ou 1 emporte-pièce

1. Préchauffez le four à 180 °C (th. 6).
2. Épluchez la pomme, coupez-la en tranches « demi-lune » et faites-les revenir dans une poêle avec le beurre pendant 5 min.
3. Coupez les tranches de magret en deux dans le sens de la longueur.
4. Prenez une petite timbale, mettez une première couche en alternant les tranches de pomme et de magret en rosace. Superposez une seconde couche identique. Versez enfin la cuillerée de calvados.
5. Enfournez pour 5 min.
6. Démoulez la timbale sur le pain de mie grillé, puis recouvrez avec la tranche de foie gras. Servez bien chaud.

Cappuccino DE NOIX DE SAINT-JACQUES

PAR Pierrot

Pour	Préparation	Trempage	Cuisson	Difficulté	Coût
8 personnes	**40 minutes**	**30 minutes**	**20 minutes**	**Très facile**	**Moyen**

INGRÉDIENTS

12 noix de saint-jacques

2 tomates pelées en boîte

1 oignon

1 pomme Jonagold

1 cuil. à thé de curry doux en poudre

2 cuil. à soupe de farine

1,5 l de fumet de poisson (en partant d'un cube ou de poudre)

40 cl de crème

24 feuilles de coriandre

Sel, poivre de Cayenne

LES INDISPENSABLES

1 mixeur
1 tamis
Des tasses à cappuccino

1. Laissez tremper les noix de saint-jacques dans un bol d'eau glacée durant 30 min.
2. Séchez-les bien, puis coupez-les en petits morceaux et conservez-les au frais.
3. Coupez les tomates en petits dés et réservez-les au frais. Épluchez et hachez l'oignon. Épluchez la pomme et détaillez-la en petits morceaux.
4. Faites dorer l'oignon et la pomme dans un peu de matière grasse. Ajoutez-y le curry, puis la farine.
5. Versez le fumet de poisson et portez à ébullition en remuant constamment. Salez et poivrez, et laissez mijoter 10 min en remuant de temps en temps.
6. Incorporez 20 cl de crème et poursuivez la cuisson quelques minutes.
7. Passez cette préparation au mixeur et filtrez-la au tamis. Laissez refroidir (jusqu'ici, la préparation peut être faite à l'avance, la veille même).
8. Battez fermement 20 cl de crème. Portez le potage à ébullition et passez-le une seconde fois au tamis. Émincez 2 feuilles de coriandre par personne.
9. Mélangez les petits morceaux de noix de saint-jacques, les dés de tomates et la coriandre émincée. Répartissez ce mélange dans 8 tasses à cappuccino. Remplissez les tasses avec la préparation liquide bien chaude jusqu'à 2 cm du bord et complétez avec la crème battue.
10. Décorez d'une toute petite pincée de curry en poudre et d'une feuille de coriandre.

ASTUCES

Les noix de saint-jacques peuvent être remplacées par de la chair crue de poissons tels que la morue (cabillaud) ou la lotte (baudroie), et même éventuellement de crevettes, avec une préférence pour les crevettes grises. La coriandre peut être remplacée par du persil plat ou du persil frisé (persil habituel), mais le goût sera nettement moins prononcé.

RECETTE

ENTRÉES

Terrine
DE CHAMPIGNONS

VÉGAN

SANS GLUTEN

Pour	Préparation	Cuisson	Réfrigération	Difficulté	Coût
Pour 1 terrine	**20 minutes**	**10 minutes**	**3 heures**	**Facile**	**Bon marché**

INGRÉDIENTS

150 g de champignons de Paris

1 oignon

½ gousse d'ail

2 cuil. à soupe d'huile d'olive

150 g de tofu fumé

40 g de margarine

1 poignée de noix

Quelques brins de ciboulette

20 cl de boisson végétale

1 cuil. à café d'agar-agar

1 cuil. à café de moutarde

Sel, poivre

LES INDISPENSABLES

1 terrine
1 mixeur

1. Émincez les champignons et l'oignon. Coupez et pressez la ½ gousse d'ail.
2. Dans une poêle sur feu doux, faites revenir les champignons et l'oignon dans l'huile d'olive pendant une dizaine de minutes.
3. Salez, poivrez et ajoutez l'ail pressé.
4. Dans un saladier, mixez le tofu fumé avec la margarine, les noix et la ciboulette.
5. Ajoutez le contenu de la poêle et mixez à nouveau.
6. Dans une casserole, portez à ébullition la boisson végétale de votre choix.
7. Mélangez avant d'ajouter l'agar-agar, salez et poivrez.
8. Versez le mélange encore chaud sur la préparation tofu-champignons.
9. Ajoutez la moutarde et mélangez afin d'obtenir un appareil bien homogène.
10. Versez la préparation dans une terrine, puis réservez au frais pendant au minimum 3 h avant de déguster.

SANS GLUTEN

Saumon gravlax

Pour	Préparation	Réfrigération	Difficulté	Coût
6 personnes	**15 minutes**	**48 heures**	**Facile**	**Moyen**

INGRÉDIENTS

1 kg de saumon frais (en 1 ou 2 pavés)

6 cuil. à soupe de sel

4 cuil. à soupe de sucre

20 g de poivre concassé

50 g d'aneth

LES INDISPENSABLES

1 grand plat
Film transparent
1 grosse boîte de conserve pour faire un poids

1. Retirez les arêtes éventuelles des pavés de saumon à l'aide d'une pince à épiler, puis essuyez-les avec du papier absorbant.
2. Dans un bol, mélangez le sel, le sucre et le poivre, puis enduisez le poisson avec ce mélange.
3. Dans un grand plat, étalez une feuille de film transparent. Posez le saumon côté peau en dessous, mettez de l'aneth côté chair (s'il y a 2 pavés, empilez-les en remettant de l'aneth au-dessus). Refermez le film transparent comme une papillote en la serrant bien.
4. Posez un poids lourd sur le saumon (une grosse boîte de conserve par exemple) et laissez mariner 48 h au réfrigérateur, en retournant le poisson tous les jours (jetez l'eau rendue).
5. Le jour J, essuyez le saumon avec du papier absorbant pour ôter le sel (ne le rincez pas sous l'eau !), puis coupez le saumon en fines lamelles (comme un carpaccio).
6. Dégustez-le nature avec du citron et un peu d'aneth ciselé, ou bien avec une sauce appropriée.

ASTUCE

Si vous souhaitez une sauce, faites une mayonnaise avec 3 ou 4 cuil. à soupe de moutarde douce, 1 cuil. à soupe de vin rouge, 1 cuil. à soupe de sucre en poudre, 1/3 de cuil. à café de sel et 3 cuil. à soupe d'huile (excepté l'huile d'olive). Une fois la sauce réalisée, incorporez 3 cuil. à soupe d'aneth.

RECETTE

ENTRÉES

Huîtres gratinées AU BEURRE D'ESCARGOT

PAR felix_14398594

Pour **4 personnes**

Préparation **40 minutes**

Cuisson **5 minutes**

Difficulté **Très facile**

Coût **Moyen**

INGRÉDIENTS

12 huîtres creuses

Beurre d'escargot (fait maison ou acheté)

Chapelure

10 cl de crème liquide

L'INDISPENSABLE

1 plat à gratin

1. Ouvrez les huîtres et videz-les de leur eau. Laissez-les reposer jusqu'à ce qu'elles fassent leur « deuxième » eau, que vous viderez également.
2. Placez une noix de beurre d'escargot dans chaque huître (selon votre goût, mais essayez de ne pas massacrer le goût de l'huître) – ½ cuil. à café est suffisante. Recouvrez chaque huître de chapelure et placez-les sur une grille dans le four en position gril.
3. Attendez que la chapelure soit bien dorée (5 min en général), sortez les huîtres du four et ajoutez un trait de crème liquide par-dessus puis servez tiède.

ASTUCES

La quantité d'huîtres par personne dépend surtout de la grosseur de la chair.
Préférez des huîtres creuses, des « spéciales », qui ont un goût plus marqué que des huîtres trop affinées.
Si certaines huîtres vous paraissent « sèches » ou ne font pas de « deuxième » eau, jetez-les !

RECETTE
ENTRÉES

Velouté de champignons

ET SON ŒUF POCHÉ À L'HUILE DE TRUFFE

PAR user1654824159

Pour **4 personnes**

Préparation **10 minutes**

Cuisson **30 minutes**

Difficulté **Facile**

Coût **Moyen**

INGRÉDIENTS

400 g de champignons de Paris

2 échalotes

30 g de beurre

1 cube de bouillon

33 cl de crème liquide

2 œufs

Huile de truffe

Sel, poivre

1. Émincez les champignons et les échalotes.
2. Dans une casserole, faites réduire les échalotes dans le beurre.
3. Ajoutez les champignons, le cube de bouillon, la crème et 10 cl d'eau, salez, poivrez, puis couvrez et laissez cuire 15 min.
4. Mixez le tout et versez dans une assiette creuse.
5. Faites cuire les œufs pochés et posez-les délicatement au centre du velouté.
6. Versez un filet d'huile de truffe sur l'ensemble. À table, c'est prêt !

ASTUCE
Vous pouvez remplacer les champignons de Paris par des girolles ou des cèpes.

RECETTE ENTRÉES

SANS GLUTEN

VÉGÉTARIEN

Cuillères apéritives

DE TOPINAMBOURS ET ŒUFS DE CAILLE

PAR laura_16224268

Pour **12 cuillères**

Préparation **30 minutes**

Cuisson **20 minutes**

Difficulté **Facile**

Coût **Pas cher**

INGRÉDIENTS

300 g de topinambours

1 noix de beurre

6 œufs durs de caille

1 cuil. à soupe de crème fraîche

Huile d'olive

Sel, poivre

Baies rose

Ciboulette

1. Épluchez et coupez les topinambours en dés.
2. Faites chauffer le beurre dans une cocotte et ajoutez-y les dés de topinambours. Laissez-les cuire environ 3 min, puis couvrez avec de l'eau et poursuivez la cuisson une quinzaine de minutes.
3. Pendant ce temps, coupez les œufs de caille en deux.
4. Une fois que les topinambours sont cuits, écrasez-les à la fourchette ou au presse-purée. Ajoutez la crème fraîche, salez et poivrez. Utilisez de préférence un poivre assez doux (blanc par exemple).
5. Remplissez les cuillères avec la purée, ajoutez dessus ½ œuf (jaune vers le haut).
6. Complétez selon votre goût avec au choix : une pulvérisation d'huile d'olive, ou bien quelques baies rose et ciboulette ciselée.

LES INDISPENSABLES

1 cocotte
12 cuillères à apéritif

RECETTE

ENTRÉES

Aumônières
DE LANGOUSTINE

PAR sofia_16813967

Pour **4 personnes**

Préparation **15 minutes**

Cuisson **10 minutes**

Difficulté **Très facile**

Coût **Moyen**

INGRÉDIENTS

12 langoustines crues

1 noix de beurre

4 feuilles de riz

4 cuil. à soupe de crème fraîche

Quelques brins de ciboulette

Quelques brins d'estragon

4 feuilles de menthe

Sel, poivre

1. Faites revenir les langoustines crues et décortiquées dans le beurre - il faut que les langoustines soient juste dorées. Salez.
2. Faites ramollir les feuilles de riz dans de l'eau.
3. Préchauffez le four à 150 °C (th. 5).
4. Étalez une feuille de riz, posez au milieu 3 langoustines, 1 cuil. à soupe de crème fraîche, un peu de ciboulette et d'estragon et 1 feuille de menthe. Salez, poivrez et refermez la feuille de riz en essayant de faire coller les extrémités. Recommencez avec les 3 autres feuilles de riz.
5. Enfournez pour 5 à 10 min et dégustez.

Ravioles de foie gras

CHÂTAIGNES ET BOUILLON DE CÈPES

PAR anna_13752157

Pour **4 personnes**

Préparation **40 minutes**

Cuisson **2 heures**

Difficulté **Difficile**

Coût **Assez cher**

INGRÉDIENTS

180 g de foie gras mi-cuit

120 g de châtaignes sous vide

100 g de cèpes séchés

1 oignon

1 carotte

2 cubes de bouillon de volaille

1 bouquet garni

18 feuilles de pâte à ravioles japonaise

2 blancs d'œufs

LES INDISPENSABLES

1 cocotte
1 écumoire
1 poche à douille
1 chinois

1. Taillez l'oignon et la carotte en gros dés.
2. Dans une cocotte, mettez à chauffer de l'eau avec 2 cubes de bouillon de poulet. Portez à ébullition, écumez, puis ajoutez l'oignon et la carotte, le bouquet garni et les cèpes séchés. Laissez mijoter tranquillement.
3. Concassez grossièrement les châtaignes.
4. Travaillez le foie gras à la spatule pour le rendre pommade, puis incorporez les châtaignes délicatement.
5. Rectifiez l'assaisonnement et mettez le foie gras en poche.
6. Étalez 1 feuille de pâte à raviole, garnissez-la de préparation au foie gras et châtaigne, puis refermez-la avec une seconde feuille de pâte à raviole. Collez les bords au blanc d'œuf. Recommencez jusqu'à épuisement des feuilles.
7. Passez le bouillon au chinois et pochez-y les ravioles 5 min environ.
8. Dressez dans des assiettes creuses et dégustez.

ASTUCE
Ajoutez du basilic, du romarin et quelques copeaux de truffe et de parmesan pour un plat encore plus festif.

Salade de mesclun

À LA COURGE CONFITE ET AU PARMESAN

PAR lina_16528988

Pour **2 personnes** | Préparation **20 minutes** | Cuisson **10 minutes** | Difficulté **Facile** | Coût **Moyen**

INGRÉDIENTS

Pour la salade :

500 g de mesclun

150 g de courge

30 g de beurre

15 g de sucre

1 pincée de muscade

1 cuil. à soupe de vinaigre balsamique

100 g de parmesan en copeaux (votre fromager le fera avec plaisir)

Sel, poivre

Pour la vinaigrette :

1 cuil. à café de moutarde

2 cuil. à soupe de vinaigre balsamique

30 cl d'huile d'olive

Sel, poivre

1. Lavez la salade et essorez-la.
2. Ôtez la peau de la courge, puis coupez la chair en petites lamelles de 2 à 4 mm d'épaisseur (il faut que ce soit fin mais pas trop).
3. Dans une poêle à feu moyen, faites fondre le beurre. Ajoutez-y le sucre, les lamelles de courge et la pincée de muscade. Faites cuire 5 à 10 min – les lamelles doivent être cuites mais pas réduites en bouillie, légèrement caramélisées.
4. Remuez délicatement. En fin de cuisson, ajoutez le vinaigre balsamique, 1 pincée de sel et quelques tours de moulin à poivre. Réservez et laissez tiédir.
5. Pour préparer la vinaigrette, versez tous les ingrédients dans un bol et battez à la fourchette. Le goût du vinaigre balsamique doit bien ressortir.
6. Dressez les assiettes en y mettant de la salade, des morceaux de courge encore tièdes et quelques copeaux de parmesan. Assaisonnez et dégustez !

ASTUCES

Cette salade peut être servie avec une tranche de jambon style serrano, ou accompagner une tourte. Vous pouvez également mélanger un peu de roquette au mesclun.

RECETTES

PLATS

RECETTES

PLATS

SANS GLUTEN

Magret de canard AU THÉ ET À L'ORANGE

PAR robin_13833524

Pour **4 personnes**

Préparation **10 minutes**

Cuisson **20 minutes**

Difficulté **Très facile**

Coût **Moyen**

INGRÉDIENTS

2 magrets de canard

30 ml d'huile d'olive

2 échalotes

1 cube de bouillon de volaille

¾ de verre de jus d'orange

3 sachets de thé Earl Grey

1 branche de thym

15 ml de miel

1 cuil. à soupe de confiture d'oranges

3 cuil. à soupe de beurre

16 tranches d'orange

LES INDISPENSABLES

1 cocotte
1 chinois

1. Faites chauffer 20 ml d'huile d'olive dans une cocotte à fond épais, puis faites sauter les échalotes émincées jusqu'à ce qu'elles soient translucides.
2. Ajoutez le cube de bouillon de volaille, le jus d'orange, les sachets de thé, le thym, le miel et la confiture d'oranges. Portez à ébullition. Lorsque le point d'ébullition est atteint, réduisez la chaleur de moitié.
3. Laissez réduire la sauce de moitié pendant 12 min.
4. Démarrez la cuisson du magret : à l'aide d'un couteau, faites des incisions en forme de croix dans la peau.
5. Faites chauffer l'huile d'olive restante dans une poêle à fond épais, puis ajoutez les magrets côté peau vers le bas.
6. Faites cuire 4 min, jusqu'à ce que la peau brunisse. Puis tournez et continuez la cuisson pendant 4 min pour une cuisson saignante. Retirez la poêle du feu.
7. Passez la sauce au chinois. Ajoutez le beurre en fouettant, salez et poivrez.
8. Coupez le magret de canard en fines tranches, salez et poivrez.
9. Dressez les tranches de magret sur des assiettes individuelles, arrosez de sauce au thé et garnissez avec les tranches d'orange.

Risotto milanais

PAR MHB

Pour	Préparation	Cuisson	Difficulté	Coût
4 personnes	**30 minutes**	**30 minutes**	**Facile**	**Moyen**

INGRÉDIENTS

250 g de riz pour risotto

1 l de bouillon de volaille

1 dose ou **quelques** filaments de safran

1 oignon haché

Huile d'olive de Toscane (ou d'Italie)

15 cl de vin blanc sec

Parmesan râpé

Sel, poivre

1. Dans une casserole, faites chauffer le bouillon de volaille et faites-y infuser le safran.
2. Dans une autre casserole, faites blondir l'oignon haché dans un filet d'huile, ajoutez le riz et remuez bien.
3. Quand le riz est translucide, ajoutez le vin blanc et mélangez jusqu'à ce qu'il soit absorbé. Ajoutez ensuite quelques louches de bouillon.
4. Mélangez, et quand le bouillon est absorbé, rajoutez du bouillon louche par louche, en remuant constamment, en attendant que le bouillon soit absorbé entre chaque louche.
5. Salez et poivrez, et servez le risotto sans attendre que tout le bouillon soit complètement absorbé, de façon qu'il soit crémeux.
6. Saupoudrez de parmesan, mélangez et dégustez !

RECETTES
PLATS

SANS GLUTEN

Poêlée de rougets
À LA CLÉMENTINE

PAR sofia_15762884

Pour	Préparation	Marinade	Cuisson	Difficulté	Coût
4 personnes	**10 minutes**	**1 heure**	**15 minutes**	**Très facile**	**Bon marché**

INGRÉDIENTS

16 filets de rougets

Le jus d'**1** orange (ou d'**1** clémentine) + ¼ **de verre**

20 g de beurre

3 clémentines

150 g de riz

Sel, poivre du moulin

1. Une heure avant, plongez les filets de rougets dans le jus d'orange.
2. Dans une poêle, faites fondre le beurre, puis, après les avoir égouttés, faites rissoler les filets de rougets. Réservez-les.
3. Ajoutez les clémentines en quartiers, puis le riz avec 1 verre d'eau et ¼ de verre de jus d'orange. Laissez mijoter à feu doux (au besoin, ajoutez de l'eau pour la cuisson du riz).
4. Salez, poivrez et servez bien chaud !

Mijoté de pintade AU FOIE GRAS

PAR Chantal01

Pour	Préparation	Marinade	Cuisson	Difficulté	Coût
6 personnes	30 minutes	12 heures	40 minutes	Facile	Moyen

INGRÉDIENTS

1 pintade découpée en morceaux
1 petit navet
1 petite carotte
1 oignon
1 petit morceau de céleri-rave
20 g de beurre
2 cuil. à soupe d'huile
2 branches de thym
1 bouquet de persil
50 cl de bouillon de volaille
15 cl de cognac
80 g de foie gras de canard (ou mousse de canard)
Sel fin, poivre

Pour la marinade :

10 cl de pineau blanc des Charentes

Pour parfumer la marinade, dans une boule à thé :

5 grains de poivre noir
2 feuilles de laurier
2 clous de girofle
3 baies de genièvre

1. Épluchez, lavez et coupez le navet, la carotte, l'oignon et le morceau de céleri en très fines lamelles. Mettez-les dans un grand plat, ajoutez la pintade et faites mariner environ 12 h avec tous les éléments de la marinade (le vin blanc et la boule à thé) en remuant de temps en temps.
2. Sortez les morceaux de pintade, égouttez-les et faites-les revenir dans une cocotte avec le beurre et l'huile.
3. Quand ils sont bien dorés, ajoutez la marinade, ainsi que les légumes, le thym et le persil, portez à feu vif et faites réduire un peu en remuant. Salez et poivrez.
4. Ajoutez le bouillon de volaille et le cognac, couvrez et faites mijoter à feu doux pendant 30 à 40 min.
5. Sortez les morceaux de volaille, égouttez-les et tenez-les au chaud, puis passez tout le contenu de la cocotte au mixeur (après avoir retiré les branches de persil, de thym et la boule de thé).
6. Gardez dans le mixeur 50 cl de cette sauce (réservez le reste), ajoutez le foie gras et mixez à nouveau. Rectifiez l'assaisonnement si nécessaire.
7. Disposez la pintade dans un plat, versez un peu de sauce dessus et présentez le reste dans une saucière. Servez aussitôt avec des pâtes fraîches ou du riz sauvage.

LES INDISPENSABLES

1 cocotte
1 mixeur
1 boule à thé

SANS GLUTEN

Cailles
AUX BAIES DE GENIÈVRE

PAR romina_16341667

Pour **4 personnes** — Préparation **12 minutes** — Cuisson **45 minutes** — Difficulté **Très facile** — Coût **Bon marché**

INGRÉDIENTS

4 cailles, plumées et étêtées

125 g de lardons fumés

2 cuil. à soupe de raisins secs

20 baies de genièvre

1 branche de thym

1 branche de romarin

2 cuil. à soupe de gelée de pomme ou de coing, selon ce que vous avez

6 gousses d'ail

2 feuilles de laurier

L'INDISPENSABLE

1 plat allant au four

1. Préchauffez le four à 170 °C (th. 5-6).
2. Faites dégraisser les lardons 3 min au micro-ondes, jetez un peu de jus gras obtenu et mélangez les lardons aux raisins.
3. Fourrez chaque caille avec cette préparation, puis déposez les cailles dans un plat allant au four.
4. Dans un mortier, écrasez au pilon les baies de genièvre, le thym et le romarin effeuillés, salez et poivrez à votre convenance, et mélangez à la gelée de votre choix.
5. Badigeonnez chaque caille avec cette préparation.
6. Écrasez les gousses d'ail sans les éplucher et mettez-les dans le plat, ainsi que les feuilles de laurier. Ajoutez enfin 3 cuil. à soupe d'eau dans le fond du plat pour le démarrage de la cuisson.
7. Enfournez pour environ 45 min. Arrosez régulièrement pour garder une chair hydratée, quitte à ajouter un léger fond d'eau au fur et à mesure de la cuisson, mais favorisez malgré tout l'aspect grillé de la peau. Vous veillerez aussi, à l'issue de la cuisson, à réserver ce bon jus ainsi obtenu (ôtez le gras en surface si vraiment les cailles sont trop grasses) que je vous conseille de verser sur chaque pièce au moment du service. Régalez-vous !

ASTUCE

Le secret de cette recette, compte tenu du fait que la caille n'est pas bardée contrairement aux recettes traditionnelles, consiste à arroser très régulièrement et à tourner chaque pièce dans les 15 dernières minutes pour également faire dorer le dos. Ce plat fonctionne très bien avec une poêlée de girolles, mais également avec les éternels petits pois aux oignons et aux lardons. Bon appétit !

RECETTES PLATS

SANS GLUTEN

Poulet au champagne ET À L'ESTRAGON

Pour	Préparation	Cuisson	Difficulté	Coût
4 personnes	**1 h 30**	**1 heure**	**Très facile**	**Moyen**

INGRÉDIENTS

1 poulet fermier d'1,5 kg

1 l de champagne

20 cl de crème fraîche

1 cuil. à soupe de moutarde à l'ancienne

Estragon frais

1 kg de champignons (rosés de préférence)

Sel, poivre

LES INDISPENSABLES

1 cocotte
1 plat allant au four

1. Coupez le poulet en morceaux, salez et poivrez.
2. Versez le champagne dans une cocotte, puis mettez-y les morceaux de poulet et faites cuire pendant 1 h.
3. Préparez la sauce : mélangez la crème fraîche avec la moutarde à l'ancienne, puis ajoutez l'estragon finement coupé. Salez et poivrez.
4. Ajoutez les champignons au bout de 30 min de cuisson – il faut qu'ils restent fermes. Lorsque le tout est cuit, versez la sauce dans le plat, en ayant pris soin de retirer l'éventuel surplus de champagne.
6. Servez accompagné de riz et dégustez !

ASTUCE
La réussite dépend de la qualité des ingrédients, poulet fermier, bonne crème fraîche, etc. Par ailleurs, le poulet cuisant exclusivement dans le champagne, il s'imprègne de son goût sans être gras.

Hamburger DE FOIE GRAS

PAR Marie_1990

Pour **4 personnes**

Préparation **15 minutes**

Cuisson **7 minutes**

Difficulté **Facile**

Coût **Assez cher**

INGRÉDIENTS

4 tranches de bloc de foie gras

2 pommes

30 g de beurre

2 cuil. à soupe de miel liquide

8 tranches de brioche pour petit déjeuner

2 cuil. à soupe de vinaigre balsamique

LES INDISPENSABLES

1 grille-pain
1 emporte-pièce ou verre à whisky

1. Coupez 4 tranches de pommes et faites-les dorer dans le beurre, avec le miel.
2. Faites griller 8 tranches de brioche au grille-pain.
3. Lorsque les pommes sont dorées, réservez-les et déglacez le fond de la poêle avec le vinaigre balsamique.
4. Procédez au montage : 1 tranche de brioche, 1 tranche de pomme, 1 tranche de foie gras, 1 tranche de brioche.
5. Terminez la présentation avec un petit morceau de pomme sur chaque hamburger, et servez avec la sauce obtenue précédemment.
6. Dégustez sans attendre !

RECETTES PLATS

VÉGÉTARIEN

Patates douces

FARCIES

Pour	Préparation	Cuisson	Difficulté	Coût
4 personnes	**20 minutes**	**1 h 25**	**Facile**	**Bon marché**

INGRÉDIENTS

2 patates douces
(ou **4** si elles sont petites)

2 gousses d'ail

1 oignon

1 cuil. à soupe d'huile d'olive
+ **1 filet**

1 feuille de sauge

1 poireau

4 champignons de Paris

10 marrons cuits

70 g de fromage frais

70 g de noix

Ciboulette

Sel, poivre

1. Faites cuire les patates douces, départ eau froide, environ 45 min.
2. Hachez l'ail et l'oignon, puis faites-les revenir dans l'huile d'olive avec la feuille de sauge.
3. Ajoutez le poireau émincé et les champignons hachés, et laissez cuire 25 min.
4. Préchauffez le four à 180 °C (th. 6).
5. Ajoutez les marrons concassés, le fromage frais coupée en dés et les noix. Salez et poivrez.
6. Coupez un chapeau aux patates douces dans la longueur et évidez-les, mélangez la chair à la préparation précédente, puis garnissez-les de farce.
7. Saupoudrez de ciboulette ciselée et arrosez d'un filet d'huile d'olive.
8. Enfournez pour 15 min et dégustez !

L'INDISPENSABLE

1 plat allant au four

SANS GLUTEN

Doro wat

OU POULET EN SAUCE

PAR Lanthane

Pour **6 personnes**
Préparation **1 heure**
Marinade **10 minutes**
Cuisson **1 h 15**
Difficulté **Moyenne**
Coût **Moyen**

INGRÉDIENTS

1 poulet fermier avec cœur et foie (vidé des autres abats)
30 cl d'eau de source
Le jus et les zestes d'**1** citron mûr
200 g d'échalotes (environ 8)
2 oignons
12 gousses d'ail
1 cuil. à soupe de piment éthiopien (berberé ou awazé)
5 cuil. à soupe d'huile ou **100 g** de beurre
2 tomates bien mûres
70 g de concentré de tomates
5 cl d'hydromel
1 petit morceau de gingembre frais ou **2 pincées** en poudre
1 gousse de kororima (en épicerie spécialisée) ou de cardamone
6 œufs
Sel, poivre

L'INDISPENSABLE

1 cocotte

1. Coupez le poulet : le cou en 2 morceaux, les 2 ailes avec les escalopes, les 2 cuisses séparées du haut des pilons (soit 4 morceaux), détachez le croupion et coupez en deux le bas du morceau et la poitrine.
2. Nettoyez bien le gésier et coupez-le en deux. Nettoyez le cœur sans le couper. Essuyez le foie.
3. Dans un grand saladier, versez 30 cl d'eau, 1 poignée de sel, et le jus et les zestes du citron.
4. Ajoutez les morceaux de poulet, le cœur et le gésier, et laissez mariner 10 min, en les retournant de temps en temps pour bien laver la viande et donner du goût au poulet.
5. Rincez et retirez le gras du poulet. Réservez au frais.
6. Hachez les échalotes (sauf une), les oignons et 6 gousses d'ail, puis mettez-les dans une cocotte avec 15 cl d'eau. Faites cuire en ajoutant un peu d'eau jusqu'à brunissement.
7. Ajoutez le piment et un peu d'eau. Poursuivez la cuisson 5 min – surveillez et ajoutez de l'eau au besoin.
8. Ajoutez l'huile ou le beurre. Laissez saisir en remuant de temps en temps.
9. Épluchez et coupez les tomates en petits dés. Mélangez-les avec le concentré de tomates et l'échalote restante, puis ajoutez le tout dans la cocotte.
10. Laissez cuire 15 min à feu doux, puis ajoutez l'hydromel.
11. Hachez les 6 gousses d'ail restantes, le gingembre, salez, poivrez, et ajoutez les graines de kororima. Réservez.
12. Mettez les morceaux de poulet (sauf le foie) dans la cocotte et mélangez.
13. Laissez cuire encore 5 min, puis ajoutez l'ail, le gingembre et le kororima réservés.

14. Poursuivez la cuisson 30 min en remuant de temps en temps.
15. Faites griller le foie du poulet, coupez-le en deux et ajoutez-le dans la sauce.
16. Pendant ce temps, faites cuire les œufs à la coque (3 min environ). Épluchez-les, puis piquez-les avec une fourchette, doucement, sans les faire éclater ni faire couler le jaune.
17. Une fois le poulet cuit, coupez le feu et ajoutez les œufs, puis laissez refroidir. Veillez à ce que les œufs soient bien immergés pour que la sauce pénètre dans le jaune d'œuf par les trous.
18. Réservez au frais et faites réchauffer à feu doux, de préférence le lendemain pour plus de saveurs…
19. Servez de préférence avec l'ingera (une galette éthiopienne) et mangez… sans couverts !

RECETTES

PLATS

Filet de bœuf WELLINGTON

PAR camila_15261979

Pour	Préparation	Cuisson	Difficulté	Coût
5 personnes	**20 minutes**	**15 minutes**	**Facile**	**Moyen**

INGRÉDIENTS

700 g de filet de bœuf préparé

50 g d'oignons

150 g de champignons

1 cuil. à soupe d'origan

1 cuil. à soupe d'herbes de Provence

50 g d'huile d'olive

300 g de pâte feuilletée

1 jaune d'œuf

Sel, poivre

1. Préchauffez le four à 250 °C (th. 8-9).
2. Salez et poivrez le filet des deux côtés, puis faites-le revenir à la poêle, 5 min de chaque côté. Laissez refroidir.
3. Faites revenir les oignons grossièrement hachés, les champignons coupés en morceaux et les herbes dans l'huile, puis hachez finement le mélange obtenu en duxelles.
4. Abaissez la pâte feuilletée sur une épaisseur de 3 mm. Répartissez la moitié de la duxelles de champignons, posez le filet dessus, puis recouvrez-le du reste de duxelles. Refermez la pâte feuilletée sur le filet (soudez les bords avec de l'eau) et dorez-la avec le jaune d'œuf battu.
5. Enfournez pour 15 à 20 min, selon la cuisson désirée.
6. Servez avec une sauce au vin blanc et aux herbes, accompagné de petits légumes (carottes, croquettes de pommes de terre, etc.)

L'INDISPENSABLE

1 plat allant au four

ASTUCE

Pour les croquettes, faites cuire 1 kg de pommes de terre à l'eau, égouttez-les bien et faites-les sécher au four. Réduisez-les en purée. Ajoutez 5 œufs entiers, 50 g de farine, salez et poivrez. Façonnez les croquettes à la main, puis roulez-les d'abord dans la farine, puis dans 1 œuf entier battu et enfin dans la chapelure. Faites-les frire à la poêle jusqu'à ce qu'elles soient dorées.

Saltimbocca de veau
ET JAMBON DE PARME

PAR Lie0412

Pour	Préparation	Cuisson	Difficulté	Coût
4 personnes	**15 minutes**	**20 minutes**	**Facile**	**Bon marché**

INGRÉDIENTS

4 escalopes de veau bien fines

4 tranches de jambon de Parme (sans le gras)

1 oignon blanc

1 filet d'huile d'olive

1 boule de mozzarella

4 feuilles de sauge et/ou sauge en pot

20 cl de vin blanc de table

20 g de beurre

Sel, poivre

LES INDISPENSABLES

Des cure-dents

1. Émincez l'oignon et faites-le revenir dans une poêle avec un bon filet d'huile d'olive.
2. Aplatissez et attendrissez les escalopes (avec un rouleau à pâtisserie par exemple).
3. Étalez une tranche de jambon sur chaque escalope.
4. Ajoutez un gros morceau de mozzarella à l'extrémité de chaque escalope.
5. Déposez une feuille de sauge ou saupoudrez de sauge séchée en pot.
6. Roulez chaque *saltimbocca* et fermez-les avec des cure-dents, puis faites-les dorer sur toutes les faces à la poêle jusqu'à ce que le veau soit cuit.
7. Réservez les *saltimbocca*, puis déglacez au vin blanc. Ajoutez le beurre et laissez réduire quelques minutes. C'est prêt !

Chapon farci
AUX FRUITS SECS

PAR anna_14867043

Pour	Préparation	Cuisson	Difficulté	Coût
6 personnes	**40 minutes**	**2 heures**	**Facile**	**Assez cher**

INGRÉDIENTS

1 chapon d'environ 2,2 kg
6 navets
1 verre d'eau
10 pruneaux
10 abricots secs
10 figues séchées
10 marrons entiers prêts à cuire

Pour la farce :
30 cl de vin blanc de cuisine
½ gousse de vanille
6 pruneaux
6 abricots secs
1 yaourt nature
1 cuil. à soupe de noix concassées
1 cuil. à soupe de miel
6 marrons entiers prêts à cuire
1 pincée de muscade

L'INDISPENSABLE
1 plat allant au four

1. Préparez la farce : dans une casserole, faites revenir pendant 20 min le vin blanc, la ½ gousse de vanille, 6 pruneaux et 6 abricots.
2. Préchauffez le four à 180 °C (th. 6).
3. Hachez les pruneaux et les abricots cuits, puis mélangez-les au yaourt, aux noix concassées, au miel, aux marrons et à la muscade.
4. Farcissez le chapon avec la préparation obtenue, de façon que le chapon soit entièrement rempli, puis refermez-le bien. Mettez-le dans un plat allant au four et enfournez-le.
5. Épluchez les navets.
6. Au bout de 30 min environ, mettez un verre d'eau, puis arrosez le chapon toutes les 30 min avec son propre jus. Ajoutez de l'eau si nécessaire.
7. Environ 30 min avant la fin de la cuisson, répartissez dans le plat, autour du chapon, les navets, les pruneaux, les abricots, les figues et les marrons. Arrosez-les bien du jus de cuisson, pour qu'ils soient plus fondants.
8. C'est prêt, régalez-vous !

ASTUCE
Les navets adouciront un peu le sucré de ce plat.

LES ACCORDS METS ET VINS

Les bonnes associations mets et vins contribueront à la réussite de votre repas de fête jusqu'à en faire un moment inoubliable. Mais la recherche de cet accord idéal nécessite de la précision et un grand savoir-faire : chaque catégorie de mets (apéritif, entrée, plat principal...) et même chaque mets possède son propre accord. Il serait donc difficile d'en faire la liste exhaustive. Cependant, voici quelques grandes règles incontournables à respecter.

COMMENT RÉUSSIR SES ACCORDS METS ET VINS ?

- **Avec une viande rouge ou du gibier :** un vin rouge puissant (Bordeaux, Sud-Ouest).
- **Avec une viande rouge ou blanche :** un vin rouge léger (Beaujolais, Bourgogne, Loire...).
- **Avec un poisson ou une viande blanche :** un vin blanc corsé (Bourgogne, Bordeaux, Loire, Rhône et pourtour méditerranéen).
- **Avec des crustacés et des fruits de mer :** un vin blanc sec (Sancerre, Chablis, Entre-Deux-Mers).
- **Avec une volaille ou une viande blanche en sauce :** un vin blanc gras et onctueux (vallée du Rhône et pourtour méditerranéen).
- **Avec un dessert ou un plat sucré :** un vin sucré (Alsace, Gascogne, Roussillon, Sud-Ouest).

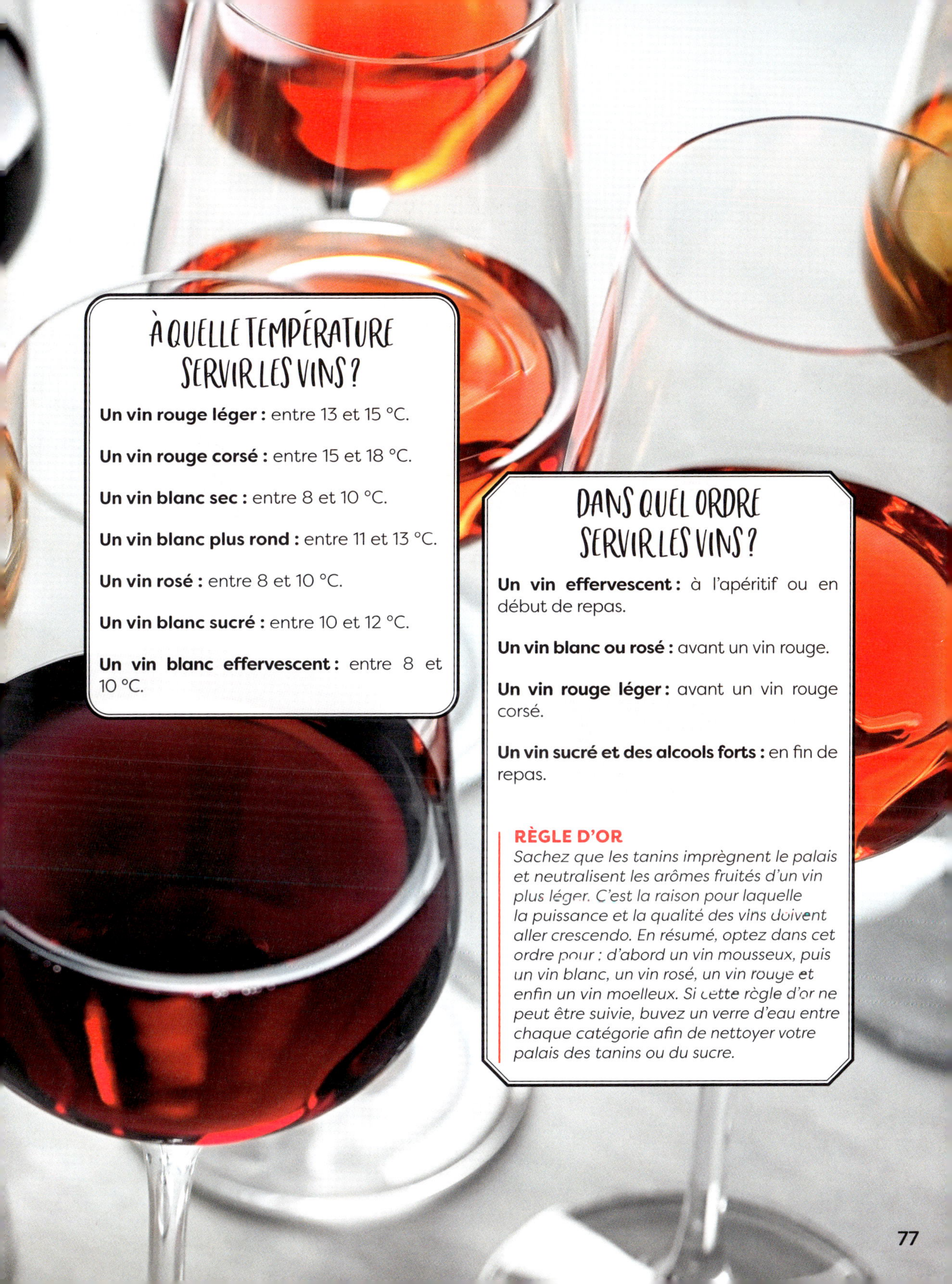

À quelle température servir les vins ?

Un vin rouge léger : entre 13 et 15 °C.

Un vin rouge corsé : entre 15 et 18 °C.

Un vin blanc sec : entre 8 et 10 °C.

Un vin blanc plus rond : entre 11 et 13 °C.

Un vin rosé : entre 8 et 10 °C.

Un vin blanc sucré : entre 10 et 12 °C.

Un vin blanc effervescent : entre 8 et 10 °C.

Dans quel ordre servir les vins ?

Un vin effervescent : à l'apéritif ou en début de repas.

Un vin blanc ou rosé : avant un vin rouge.

Un vin rouge léger : avant un vin rouge corsé.

Un vin sucré et des alcools forts : en fin de repas.

RÈGLE D'OR

Sachez que les tanins imprègnent le palais et neutralisent les arômes fruités d'un vin plus léger. C'est la raison pour laquelle la puissance et la qualité des vins doivent aller crescendo. En résumé, optez dans cet ordre pour : d'abord un vin mousseux, puis un vin blanc, un vin rosé, un vin rouge et enfin un vin moelleux. Si cette règle d'or ne peut être suivie, buvez un verre d'eau entre chaque catégorie afin de nettoyer votre palais des tanins ou du sucre.

RECETTES

DESSERTS
& MIGNARDISES

Bûche légère AUX MARRONS

PAR pupuna

Pour	Préparation	Trempage	Réfrigération	Difficulté	Coût
8 personnes	15 minutes	15 minutes	3 heures	Facile	Bon marché

INGRÉDIENTS

20 cl de crème liquide à 30 % de MG

1 ½ feuille de gélatine

350 g de crème de marrons

12 biscuits à la cuillère

20 cl de lait tiède sucré

1 cuil. à soupe de noix de coco râpée

L'INDISPENSABLE

1 moule à bûche

1. Battez la crème en chantilly après avoir laissé le saladier, les branches du fouet et la crème 15 min au frais.
2. Faites tremper la gélatine pendant 15 min dans de l'eau fraîche.
3. Faites chauffer la moitié de la crème de marrons au micro-ondes 1 min. Essorez la gélatine, puis ajoutez-la à la crème de marrons et mélangez.
4. Ajoutez à ce mélange la crème de marrons restante, puis incorporez très délicatement à la chantilly.
5. Chemisez un moule à cake ou, mieux, une gouttière à bûche, de papier d'aluminium ou de film étirable.
6. Versez un peu moins de la moitié de l'appareil, posez une rangée de biscuits bien imbibés de lait, puis le reste de l'appareil et une seconde rangée de biscuits.
7. Réfrigérez pendant 3 h minimum.
8. Démoulez et décorez avec la noix de coco râpée pour suggérer la neige. Si vous le souhaitez, vous pouvez ajouter entre les couches de crème des brisures de marrons glacés.

ASTUCE
J'ai fabriqué moi-même un moule à bûche avec une bouteille en plastique, cela donne une jolie forme. Sinon, pensez à récupérer un emballage de bûche glacée du commerce.

Bûche trois chocolats

PAR shivore

Pour	Préparation	Réfrigération	Cuisson	Difficulté	Coût
10 personnes	2 heures	24 heures	6 minutes	Moyenne	Moyen

INGRÉDIENTS

Pour la mousse :
25 cl de crème liquide très froide
120 g de chocolat blanc à cuisiner
40 g de beurre

Pour la génoise :
4 œufs
80 g de sucre
2 cuil. à café de levure chimique
100 g de farine
50 g de chocolat en poudre (pour petit déjeuner)

Pour le croustillant feuillantine :
200 g de pralinoise
60 g de crêpes dentelle (nature ou au beurre salé)

Pour le glaçage :
200 g de chocolat
10 cl de crème
Sucre glace

1. La veille, préparez la mousse (vous aurez pris soin de mettre le saladier au réfrigérateur, voire au congélateur). Montez la crème liquide préalablement refroidie en chantilly, dans le saladier froid. Réservez au réfrigérateur.
2. Faites fondre le chocolat blanc (à feu très doux, il cuit vite) et le beurre, puis mélangez délicatement la moitié de la crème en chantilly au chocolat blanc fondu. Ajoutez le reste de la chantilly en 2 ou 3 fois très délicatement pour ne pas casser la chantilly. Réservez au réfrigérateur.
3. Préchauffez le four à 240 °C (th. 8) et préparez la génoise.
4. Séparez les blancs des jaunes d'œufs. Dans un saladier, battez les jaunes d'œufs avec 60 g de sucre.
5. Dans un second saladier, battez les blancs en neige (versez les 20 g de sucre restants quand les blancs sont bien montés).
6. Mélangez la levure, la farine et le chocolat en poudre.
7. Incorporez les blancs d'œufs montés en neige au mélange jaunes-sucre, en alternant avec le mélange farine-levure en tamisant.
8. Versez la pâte dans un moule à génoise préalablement beurré d'environ 40 × 25 cm – égalisez bien avec une spatule – et enfournez pour 6 min.
9. Retournez le gâteau sur un torchon mouillé, retirez le moule et roulez dans le sens de la longueur. Laissez refroidir.
10. Préparez le praliné feuilleté. Faites fondre la pralinoise au bain-marie et laissez tiédir. Écrasez les crêpes en grosses paillettes, puis ajoutez-les à la pralinoise fondue.
11. Montez le roulé. Étalez la mousse sur toute la surface de la génoise, en commençant par le bord qui sera au milieu, et roulez le gâteau sur lui-même au fur et à mesure. Essayez

d'avoir une couche d'égale hauteur partout. Sur les 3 cm restant, étalez une fine couche de croustillant praliné. Coupez les deux bouts en biseau. Réservez au réfrigérateur.

12. Faites chauffer la crème et concassez le chocolat.

13. Versez la crème chaude sur le chocolat, laissez-la reposer 1 min. puis mélangez-la jusqu'à obtenir un mélange lisse. Coulez la préparation sur la bûche disposée sur une grille.

14. Placez au réfrigérateur. Au bout d'une heure, faites des traits avec une fourchette pour créer les stries de la bûche et saupoudrez de sucre glace avant de servir.

ASTUCE

Si vous devez transporter votre gâteau, vous pouvez préparer le glaçage la veille et le faire chauffer au micro-ondes au moment de l'utilisation (à 30 °C).

L'INDISPENSABLE

1 moule à génoise

SANS GLUTEN

Nougat glacé
À LA MANDARINE IMPÉRIALE

PAR sissi67

Pour	Préparation	Congélation	Marinade	Cuisson	Difficulté	Coût
8 personnes	45 minutes	24 heures	2 heures	2 minutes	Moyenne	Assez cher

INGRÉDIENTS

5 mandarines

8 cuil. à soupe de Mandarine impériale (à défaut du Cointreau®)

150 g de sucre en poudre

40 cl de crème fleurette bien froide

3 blancs d'œufs gros

Huile neutre

Pour le caramel :

150 g de sucre en poudre

20 g de beurre

125 g d'amandes effilées

Pour le coulis :

50 g de sucre

25 cl de jus de mandarine

50 g de marmelade d'oranges amères

LES INDISPENSABLES

1 mixeur
1 moule à cake de 35 cm
1 mixeur

1. Cette glace se prépare au minimum la veille, même quelques jours à l'avance sans problème.
2. Coupez les quartiers des mandarines en trois et faites-les macérer dans la Mandarine impériale pendant 2 h minimum.
3. Huilez le moule à cake, ainsi qu'une face du papier cuisson, ou d'aluminium, coupé en bandes (une grande bande pour le fond et les petits côtés, 2 autres bandes pour les grands côtés du moule), et installez le papier en le faisant dépasser des bords pour faciliter le démoulage.
4. Préparez le caramel : dans une petite poêle, versez 150 g de sucre et 2 cuil. à soupe d'eau, et faites cuire jusqu'à ce que le caramel blondisse.
5. Retirez la poêle du feu, incorporez les 20 g de beurre et les amandes effilées en remuant avec une spatule en bois.
6. Versez aussitôt sur une plaque de marbre, à défaut sur un plan de travail tapissé de papier d'aluminium huilé, et laissez refroidir.
7. Passez au mixeur pour broyer grossièrement ce caramel aux amandes – si vous n'avez pas de mixeur, mettez-le dans un sac congélation et broyez-le avec un rouleau à pâtisserie ou un marteau !
8. Montez la crème fleurette en chantilly, puis remettez-la au réfrigérateur.
9. Montez les blancs en neige ferme.
10. Pendant ce temps, mettez le reste du sucre dans une casserole avec un peu d'eau (un peu plus que pour le caramel). Faites bouillir à petits bouillons ; quand ça fait des petites bulles, faites couler doucement ce sirop bouillant sur les blancs en neige tout en continuant à battre jusqu'à refroidissement, ça va les faire cuire et ils gonfleront bien.

11 Mélangez la chantilly à la moitié des mandarines égouttées et au pralin (le caramel aux amandes – gardez-en un peu pour parsemer au fond du moule), puis incorporez en douceur les blancs en neige. Vous avez réalisé votre nougat.

12 Versez une fine couche de pralin au fond du moule, puis le nougat par-dessus. Tapotez un peu le moule pour bien le répartir, repliez le papier dessus et mettez au congélateur au moins 24 h. Il faudra le sortir du congélateur au moins 20 min avant de le déguster.

13 Préparez le coulis : refaites un caramel blond avec le sucre et 1 cuil. à soupe d'eau. Quand le caramel est prêt, ajoutez le jus de mandarines, la marmelade et portez à ébullition – cette préparation peut se conserver quelques jours dans un pot à confiture.

14 Au moment de servir, égouttez le reste des mandarines macérées dans la liqueur pour les servir avec le coulis, sur le nougat ou bien ajoutez-les au coulis.

ASTUCE

La Mandarine impériale (à consommer avec modération) est une liqueur ambrée à 38° qui se vend en bouteille de 70 cl. Elle est relativement chère, mais ce dessert d'exception en vaut la peine.

SANS GLUTEN

VÉGAN

Panna cotta

À L'AMANDE

PAR Christophe_de_Marmiton

Pour	Préparation	Cuisson	Réfrigération	Difficulté	Coût
8 personnes	5 minutes	5 minutes	3 heures	Facile	Bon marché

INGRÉDIENTS

60 cl de boisson végétale à l'amande (non sucrée)

25 cl de sirop de riz (ou autre sucre, type sirop d'érable ou sucre complet)

3 g d'agar-agar

2 gousses de vanille (ou **2 cuil. à café** d'extrait naturel de vanille)

3 grosses cuil. à soupe de purée d'amandes blanches

LES INDISPENSABLES

8 verrines

1. Dans une casserole, faites bouillir la boisson végétale à l'amande avec le sirop (ou le sucre).
2. Pendant ce temps, diluez l'agar-agar dans un peu d'eau.
3. Quand ça bout, versez l'agar-agar. Mélangez au fouet pendant 2 min, puis sortez du feu.
4. Grattez les gousses de vanille et ajoutez leurs grains à la boisson végétale, ainsi que la purée d'amandes. Mélangez bien.
5. Versez dans des verrines. Laissez prendre au frais pendant au moins 2 ou 3 h.
6. Servez avec un coulis de fruits (délicieux avec un coulis de fraises), un sirop de safran ou de rose (pour un côté Ispahan), une sauce pistache, ou encore des fruits de saison en petits morceaux ou en compote. Vous pouvez ajouter des amandes effilées, des noisettes ou des pistaches concassées pour apporter un peu de croustillant.

ASTUCE

Délicieux dessert macrobiotique (car sans produit animal et du sirop de riz au lieu du sucre, la glycémie monte moins vite dans le sang) !

RECETTES DESSERTS

Tiramisu AUX MARRONS

PAR louis_14935096

Pour **6 personnes**

Préparation **20 minutes**

Réfrigération **2 heures**

Difficulté **Très facile**

Coût **Bon marché**

INGRÉDIENTS

3 œufs

250 g de crème de marrons

150 g de mascarpone

2 cuil. à soupe de sucre

1 cuil. à soupe de rhum ambré

2 paquets de petits-beurre

Cacao en poudre

L'INDISPENSABLE

1 petit plat à gratin

1. Séparez les blancs des jaunes d'œufs. Dans un saladier, fouettez les jaunes d'œufs avec la crème de marrons. Ajoutez le mascarpone et mélangez bien.
2. Battez les blancs en neige ferme et incorporez-les délicatement à la préparation précédente.
3. Dans un bol, mélangez 2 cuil. à soupe de sucre avec 1 cuil. à soupe de rhum et 6 à 8 cuil. à soupe d'eau.
4. Trempez rapidement les biscuits dans le sirop précédent et étalez-les dans un petit plat à gratin. Répartissez la moitié de la préparation aux marrons sur les biscuits.
5. Renouvelez l'opération pour une seconde couche, puis réservez au réfrigérateur pendant 2 h minimum.
6. Saupoudrez de cacao avant de servir et régalez-vous !

ASTUCE

Ce dessert est très fin et ravira les amateurs de crème de marrons. Il permet de décliner d'une manière originale le tiramisu classique. Attention cependant à bien doser le rhum !

Vacherin glacé
VANILLE-SPÉCULOOS

PAR robin_14845354

Pour **10 personnes**

Préparation **30 minutes**

Congélation **12 heures + 12 heures**

Difficulté **Facile**

Coût **Bon marché**

INGRÉDIENTS

3 œufs

100 g de sucre

60 cl de crème fraîche entière

1 sachet de sucre vanillé

1 cuil. à soupe d'extrait de vanille

2 spéculoos

6 meringues

180 g de chocolat blanc pâtissier

LES INDISPENSABLES

1 moule à cake en silicone
1 fouet ou batteur électrique

1. Séparez les jaunes des blancs d'œufs et montez les blancs en neige.
2. Dans un saladier, versez 50 g de sucre et les jaunes et fouettez jusqu'à ce qu'ils blanchissent.
3. Dans un saladier, battez 30 cl de crème fraîche en crème chantilly avec les 50 g de sucre restants, et incorporez le sucre vanillé.
4. Incorporez la chantilly au mélange jaunes d'œufs-sucre, puis séparez la préparation en deux parts égales.
5. Dans la première préparation, versez l'extrait de vanille pour parfumer la crème.
6. Émiettez les 2 spéculoos et incorporez-les à la seconde préparation.
7. Séparez les blancs en neige également en deux et versez chaque moitié dans les deux préparations précédentes afin de les aérer.
8. Pour le montage, versez dans un moule à cake en silicone (plus simple pour le démoulage) une couche de crème à la vanille, mettez 3 meringues, puis une couche de crème aux spéculoos, 3 autres meringues, et finissez par une couche de crème à la vanille. Mettez au congélateur pendant 12 h.
9. Pour le nappage chocolat blanc, faites fondre au bain-marie le chocolat blanc pâtissier.
10. Pendant ce temps, battez en crème fouettée les 30 cl de crème fraîche restants, puis incorporez le chocolat blanc fondu.
11. Démoulez le vacherin. Versez le nappage au chocolat blanc sur le vacherin, puis remettez au congélateur pour 12 h avant de déguster.

Mont-blanc
AU COCO

PAR cybermetisse

Pour **8 personnes**
Préparation **1 heure**
Cuisson **35 minutes**
Difficulté **Facile**
Coût **Bon marché**

INGRÉDIENTS

Pour le biscuit :
6 œufs
250 g de sucre
150 g de farine
1 cuil. à café de cannelle
1 cuil. à soupe de rhum (vieux ou non)
50 g de fécule ou Maïzena®
Beurre + farine pour le moule

Pour la crème :
400 ml de lait de coco
1 gousse de vanille
3 jaunes d'œufs
150 g de sucre
50 g de farine
Rhum

Pour la décoration :
100 g de noix de coco râpée
Cerises confites

L'INDISPENSABLE
1 moule à manqué

1. Préchauffez le four à 200 °C (th. 6-7).
2. Réalisez le biscuit : séparez les blancs des jaunes d'œufs. Battez les jaunes d'œufs avec le sucre jusqu'à ce que le mélange blanchisse. Ajoutez la farine, la cannelle, le rhum et la fécule et mélangez.
3. Montez les blancs en neige ferme et incorporez-les au mélange précédent.
4. Versez l'appareil dans un moule à manqué beurré et fariné, puis enfournez pour 35 min. Laissez-le refroidir avant de le démouler.
5. Réalisez la crème : dans une petite casserole, faites bouillir le lait de coco dans lequel vous aurez laissé infuser une gousse de vanille fendue.
6. Pendant ce temps, dans une grande casserole, battez les jaunes d'œufs et le sucre, puis incorporez la farine au fouet. Quand le lait est bouillant, versez sur le mélange en remuant sans arrêt (au batteur électrique, c'est très pratique) pour éviter les grumeaux, toujours sur le feu. La crème est prête quand elle se détache des bords de la casserole. Laissez refroidir.
7. Coupez le gâteau en deux ou trois dans l'épaisseur. Humectez généreusement les deux faces de rhum et tartinez-les avec les trois quarts de la crème.
8. Reformez le gâteau, puis tartinez le dessus avec le reste de la crème. Saupoudrez bien uniformément de noix de coco râpée et servez avec des cerises confites sur le dessus.

ASTUCE
C'est une recette typiquement martiniquaise. À la place du rhum, on peut utiliser du shrubb (rhum blanc dans lequel on fait macérer des écorces d'oranges).

Marquise glacée

AU CHOCOLAT NOIR ET AUX AMANDES

Pour	Préparation	Congélation	Difficulté	Coût
6 personnes	25 minutes	6 heures	Facile	Bon marché

INGRÉDIENTS

400 g de chocolat à 70 % de cacao

1 cuil. à café de café fort

125 g d'amandes émondées

6 œufs

200 g de beurre mou

L'INDISPENSABLE

1 moule à gâteau

1. Faites fondre le chocolat avec le café (bain-marie ou micro-ondes).
2. Faites griller les amandes dans une poêle.
3. Séparez les blancs des jaunes d'œufs.
4. Ajoutez le beurre mou au chocolat, puis incorporez les jaunes d'œufs un par un.
5. Battez les blancs en neige ferme et ajoutez-en 1 cuillerée à la préparation précédente, sans précaution. Incorporez le reste des blancs très délicatement.
6. Ajoutez les amandes grillées et versez l'appareil dans un moule beurré, puis mettez au congélateur 6 h minimum.
7. Pour démouler, passez rapidement le moule sous l'eau chaude.

VARIANTE

Vous pouvez aussi séparer la préparation en deux pour avoir une partie au chocolat blanc et une au chocolat noir.

Florentins

Pour	Préparation	Cuisson	Difficulté	Coût
25 pièces environ	25 minutes	10 minutes	Très facile	Moyen

INGRÉDIENTS

75 g de sirop de sucre de canne

75 g de beurre

40 g de farine fluide

25 g d'abricots secs hachés

75 g de fruits confits (au choix) coupés en très petits cubes

75 g d'amandes effilées

100 g de chocolat noir fondu

1. Préchauffez le four à 180 °C (th. 6) et couvrez 2 plaques de papier cuisson.
2. Faites chauffer le sirop de sucre de canne avec le beurre jusqu'à ce que celui-ci soit fondu. À petit feu, ajoutez en tournant d'abord la farine, puis les abricots secs, les fruits confits et les amandes.
3. À l'aide d'une cuillère à café, formez des petits tas de pâte bien espacés sur les plaques. Aplatissez à la fourchette humide.
4. Enfournez pour 10 min.
5. Laissez refroidir 1 min sur la plaque, puis sur une grille. Badigeonnez alors le verso des florentins avec le chocolat fondu.

Duchesses

Pour	Préparation	Cuisson	Difficulté	Coût
6 personnes	**1 heure**	**8 minutes**	**Très facile**	**Bon marché**

INGRÉDIENTS

6 œufs

200 g de sucre

60 g de farine

60 g de beurre

60 g d'amandes moulues

60 g de noisettes moulues

1 cuil. à soupe de pâte à tartiner au chocolat

L'INDISPENSABLE

1 batteur électrique

1. Préchauffez le four à 150 °C (th. 5).
2. Séparez les blancs des jaunes d'œufs et montez les blancs en neige.
3. Dans un saladier, mélangez le sucre, la farine, le beurre préalablement ramolli ou fondu, les amandes et les noisettes.
4. Incorporez délicatement les blancs en neige au mélange précédent.
5. Sur une plaque recouverte de papier cuisson, faites des petits tas de 0,5 cm d'épaisseur et bien espacés, puis enfournez pour 8 min – les gâteaux doivent être juste colorés sur les bords.
6. Une fois les gâteaux froids, tartinez-en une face avec une couche épaisse de pâte à tartiner et mettez-en un second par-dessus comme un sandwich.
7. Régalez-vous !

RECETTES
MIGNARDISES

Truffes au chocolat
ET AU GRAND MARNIER®

PAR rose_13731148

Pour
50 truffes environ

Préparation
30 minutes

Difficulté
Facile

Coût
Moyen

INGRÉDIENTS

250 g de chocolat

100 g de beurre

2 jaunes d'œufs

3 cuil. à soupe de sucre

2 cuil. à soupe de lait

3 cuil. à soupe de Grand Marnier®

Cacao (non sucré) en poudre

1. Faites fondre le chocolat avec le beurre.
2. Ajoutez les jaunes œufs, le sucre, le lait et le Grand Marnier®, et mélangez.
3. Laissez reposer jusqu'à durcissement de la pâte.
4. Confectionnez des petites boules et roulez-les dans le cacao.

Nougat noir

PAR alya_14031185

Pour
12 personnes

Préparation
10 minutes

Cuisson
35 minutes

Difficulté
Facile

Coût
Moyen

INGRÉDIENTS

4 feuilles d'hostie (25 × 30 cm)

1 kg d'amandes entières non épluchées (non mondées)

1 kg de miel de lavande

4 barquettes de la forme du nougat que l'on veut obtenir

LES INDISPENSABLES

Des barquettes en aluminium

1. Commencez par mettre au fond des barquettes une double épaisseur d'hostie (à la taille du fond sans trop déborder).
2. Passez les amandes 5 min à 210 °C (th. 7) pour les dessécher un peu et les faire chauffer sans les faire griller.
3. Versez le miel dans une casserole en inox (si le fond est épais, c'est mieux) et portez-le à ébullition en tournant de temps en temps avec une cuillère en bois.
4. Versez les amandes dans le miel bouillant et faites-les cuire sans cesser de tourner jusqu'à ce que le miel prenne une couleur brune et que les amandes se mettent à « craquiller » (elles grillent à la chaleur du miel).
5. Retirez du feu et versez doucement la préparation dans les barquettes en aluminium (attention aux éclaboussures).
6. Tassez bien les amandes avec le dos d'une cuillère et posez 1 ou 2 rectangles de feuilles d'hostie sur le nougat, puis laissez refroidir sous un poids (boîte de conserve par exemple).
7. Démoulez le nougat au moment de sa consommation en défaisant les coins des barquettes.
8. Mettez le nougat sur une planche à découper et coupez des morceaux avec un couteau à grande lame rigide.

ASTUCE
Le nougat noir est une vedette des treize desserts provençaux... C'est très facile à faire, il faut simplement prendre quelques précautions pour ne pas se brûler... et éloigner les enfants pendant la cuisson et le découpage.

RECETTES

BOISSONS

Vin chaud
AUX ÉPICES

Pour	Préparation	Cuisson	Difficulté	Coût
12 personnes	15 minutes	5 minutes	Très facile	Bon marché

INGRÉDIENTS

1,5 l de vin rouge (bordeaux, bourgogne ou pinot noir)

250 g de sucre roux

2 bâtons de cannelle

2 étoiles de badiane (anis étoilé)

2 clous de girofle

1 morceau de gingembre émincé

1 pointe de couteau de noix muscade râpée

Les zestes d'**1** orange

Les zestes d'**1** citron

12 rondelles d'oranges

L'INDISPENSABLE

1 passoire

1. Dans une casserole, mélangez tous les ingrédients, excepté les rondelles d'oranges, portez à ébullition très doucement et laissez frémir 5 min.
2. Servez très chaud dans des verres en filtrant à l'aide d'une passoire.
3. Disposez 1 rondelle d'orange par verre et dégustez !

ASTUCE

Idéal pour se réchauffer à la période de Noël en dégustant un bon pain d'épices !

Soupe champenoise

PAR jade_15144102

Pour **6 personnes**

Préparation **10 minutes**

Difficulté **Très facile**

Coût **Moyen**

INGRÉDIENTS

5 cl de sucre de canne liquide

10 cl de citron vert (ou jaune)

10 cl de Cointreau®

75 cl de vin pétillant (mousseux ou champagne)

1. Mélangez le sucre de canne, le citron vert et le Cointreau® et, au moment de servir, ajoutez le vin pétillant bien frais. Dégustez !

ASTUCE

On peut également utiliser du cidre, mais il faut alors diminuer de moitié le citron vert.

Glögg

PAR Erevshel

Pour
6 personnes

Préparation
15 minutes

Cuisson
15 minutes

Difficulté
Très facile

Coût
Moyen

INGRÉDIENTS

1 bouteille de vin rouge

½ **bouteille** de madère

2 bâtons de cannelle

5 clous de girofle

150 g de sucre en poudre

Les zestes d'**1** orange

2 verres de raisins de Corinthe

2 verres d'amandes effilées

1. Dans une casserole, mélangez le vin, le madère et les épices. Couvrez et faites chauffer à feu doux – le mélange ne doit pas bouillir.
2. Ajoutez le sucre et les zestes d'orange et mélangez. Laissez sur le feu une dizaine de minutes.
3. Ajoutez les raisins de Corinthe et les amandes et servez chaud, avec une petite cuillère pour manger les raisins et les amandes, comme il est coutume de le faire en Suède.

Rhum arrangé
D'HIVER À LA CANNELLE

PAR *Annette et maman*

Pour	Préparation	Macération	Repos	Difficulté	Coût
Pour 1 litre	10 minutes	3 + 3 jours	1 semaine minimum	Facile	Moyen

INGRÉDIENTS

1 l de rhum blanc

Les zestes fins d'**1** orange

Les zestes fins d'**1** mandarine

3 cuil. à soupe de sucre extrafin (quantité selon le goût)

3 pruneaux

1 gousse de vanille

1 bâton de cannelle

1 cuil. à café de café fort

1. Mettez à macérer dans le rhum les zestes des agrumes pendant 3 jours à la lumière du soleil le jour et de la lune la nuit.
2. Sucrez selon votre goût et ajoutez les pruneaux dénoyautés, la gousse de vanille fendue en deux et le bâton de cannelle cassé en morceaux. Laissez macérer encore 3 jours, puis filtrez et versez le café fort.
3. Laissez reposer au moins 1 semaine avant de consommer.

RECETTES

BRUNCHS

SANS GLUTEN

VÉGÉTARIEN

Omelette crémeuse AUX TRUFFES

PAR Audejeulin

Pour	Préparation	Repos	Cuisson	Difficulté	Coût
10 personnes	**10 minutes**	**30 minutes**	**5 minutes**	**Très facile**	**Assez cher**

INGRÉDIENTS

10 œufs

2 cuil. à café de tapenade de truffe

2 cuil. à soupe de crème fraîche

1 cuil. à soupe d'huile aromatisée à la truffe

Copeaux de truffe

Sel, poivre

1. Cassez les œufs dans un saladier et battez-les à la fourchette. Ajoutez ensuite la tapenade de truffe, la crème fraîche, l'huile, puis salez et poivrez à votre convenance. Mélangez l'ensemble et laissez reposer si possible une petite demi-heure afin que le mélange s'imprègne bien du goût de la truffe.
2. Versez l'appareil dans une poêle et mélangez tout au long de la cuisson. Faites cuire environ 5 min, jusqu'à obtention de la consistance souhaitée.
3. Servez immédiatement en ajoutant quelques copeaux de truffe sur le dessus pour la décoration. Bon appétit !

RECETTES
BRUNCHS

SANS GLUTEN

Salade au magret DE CANARD ET MANGUE

PAR rolmy_14936812

Pour **6 personnes**

Préparation **10 minutes**

Difficulté **Facile**

Coût **Moyen**

INGRÉDIENTS

100 g de mâche

1 mangue

100 g de magret de canard fumé coupé en fines tranches

Pour la vinaigrette :

10 cuil. à café de vinaigre

6 cuil. à café d'huile d'olive

1 cuil. à café de moutarde

Sel, poivre

1. Lavez et disposez la mâche sur les assiettes.
2. Coupez la mangue en dés ou en lamelles (enlevez la peau) et disposez-les sur la mâche.
3. Disposez le magret sur les dés de mangue et la mâche.
4. Faites la vinaigrette en mélangeant tous les ingrédients et versez-en 2 cuil. à café dans chaque assiette.

ASTUCE
On peut remplacer le magret de canard par des gésiers de canard. Une mangue trop mûre sera plus difficile à couper.

VÉGÉTARIEN

Cake salé

AUX NOISETTES, PANCETTA, GORGONZOLA

PAR De l'astuce à l'assiette

Pour	Préparation	Cuisson	Difficulté	Coût
6 personnes	**25 minutes**	**50 minutes**	**Très facile**	**Bon marché**

INGRÉDIENTS

75 g de noisettes
150 g de gorgonzola
5 tranches de pancetta
250 g de farine + **un peu** pour l'étape 4
1 bouquet de ciboulette
1 sachet de levure
4 œufs
13 cl de lait
7 cl d'huile
Sel, poivre

L'INDISPENSABLE

1 moule à cake

1. Préchauffez le four à 160 °C (th. 5-6).
2. Concassez grossièrement les noisettes en en laissant quelques-unes entières. Coupez le gorgonzola en morceaux.
3. Faites dorer les tranches de pancetta et découpez-les en morceaux.
4. Farinez les noisettes, le gorgonzola et la pancetta.
5. Ciselez la ciboulette finement.
6. Mélangez la farine, la levure, le sel et le poivre d'un côté, les œufs entiers battus, le lait et l'huile de l'autre.
7. Réunissez les deux préparations dans un saladier et mélangez brièvement avant d'ajouter la ciboulette, les noisettes, le gorgonzola et la pancetta. Mélangez rapidement.
8. Chemisez un moule à cake de papier cuisson et versez la pâte.
9. Enfournez pour 45 min, et dégustez !

ASTUCE

Étape 8 : *pour que ce soit plus simple, froissez le papier sous l'eau, séchez-le à l'aide d'un torchon puis placez-le dans le moule.*

Pancakes épais
À LA CANNELLE

PAR MrAmeni

Pour	Préparation	Repos	Cuisson	Difficulté	Coût
20 pancakes	**10 minutes**	**15 minutes**	**10 minutes**	**Très facile**	**Bon marché**

INGRÉDIENTS

260 g de farine
60 g de sucre
1 cuil. à café de cannelle
1 sachet de levure
40 cl de lait
2 œufs
50 g de beurre fondu refroidi

L'INDISPENSABLE
1 tamis

1. Dans un saladier, mélangez la farine (préalablement tamisée), le sucre, la cannelle et la levure.
2. Dans un autre récipient, mélangez le lait, les œufs et le beurre fondu.
3. Versez le mélange liquide à la préparation sèche, mélangez et laissez reposer la pâte 10 à 15 min.
4. Faites cuire les pancakes à la poêle : versez la pâte dans la poêle et retournez le pancake quand les bulles d'air apparaissent, sans étaler la pâte.

RECETTES

BRUNCHS

Pain d'épices LÉGER

Pour	Préparation	Cuisson	Difficulté	Coût
8 personnes	**10 minutes**	**1 heure**	**Très facile**	**Bon marché**

INGRÉDIENTS

250 g de farine de blé ou seigle

½ **paquet** de levure

100 g de sucre cassonade

1 cuil. à café de mélange 4-épices

1 cuil. à café de cannelle

125 g de miel

20 cl de lait tiède

1 morceau de gingembre confit

L'INDISPENSABLE

1 moule à cake

1. Préchauffez le four à 170 °C (th. 5-6).
3. Dans un saladier, mélangez la farine, la levure, le sucre, les épices.
4. Diluez le miel dans le lait, puis mélangez les deux préparations.
5. Ajoutez le gingembre confit coupé en petites lamelles et versez l'appareil dans un moule à cake préalablement graissé.
6. Enfournez pour 1 h. Laissez refroidir et dégustez !

ASTUCE

Recette très légère, sans œufs ni matière grasse.

Stollen

PAR noor_16480001

Pour	Préparation	Repos	Cuisson	Difficulté	Coût
12 personnes	**30 minutes**	**1 h 20**	**40 minutes**	**Facile**	**Bon marché**

INGRÉDIENTS

350 g de farine (T55) + **un peu** pour le plan de travail

½ cube de levure de boulanger

75 g de sucre en poudre

1 cuil. à café de 4-épices

1 ½ cuil. à café de sel

1 œuf

18 cl de lait tiède

75 g de beurre fondu

250 g de raisins secs

200 g de pâte d'amande

Huile pour la jatte

Beurre fondu et sucre glace pour la finition

LES INDISPENSABLES

1 tamis
1 jatte
1 rouleau à pâtisserie

1. Tamisez la farine dans une jatte, ajoutez la levure émiettée, le sucre, le 4-épices et le sel, et mélangez du bout des doigts. Incorporez l'œuf et un peu de lait tiède, puis, progressivement, le beurre fondu et le reste de lait.
2. Pétrissez la pâte sur un plan de travail fariné pendant 10 min, en ajoutant les raisins secs quand la pâte devient souple. Huilez une jatte, déposez-y la pâte et couvrez d'un linge. Laissez lever au moins 1 h, dans un endroit tiède et à l'abri des courants d'air.
3. Rompez la pâte en donnant un coup de poing au centre de la pâte pour la faire dégonfler, puis étalez-la en rectangle approximatif. Roulez la pâte d'amande en un pâton un peu plus court que le rectangle de pâte, déposez-le au centre et roulez pour l'enfermer. Déposez le *stollen* sur une plaque tapissée de papier cuisson et laissez lever encore 20 min.
4. Préchauffez le four à 180 °C (th. 6).
5. Appuyez le rouleau à pâtisserie sur le *stollen* pour le marquer d'une empreinte et enfournez-le pour environ 40 min : il doit être bien gonflé et doré. Laissez-le refroidir à la sortie du four, puis badigeonnez-le de beurre fondu et poudrez-le généreusement de sucre glace. C'est prêt !

ASTUCES

Si vous souhaitez un gâteau moins riche, supprimez le fourrage de pâte d'amande.
Vous pouvez par ailleurs faire macérer au préalable les raisins secs dans du rhum, ou encore les remplacer par des fruits confits, des dattes ou des abricots secs.

Lait de poule

PAR bookaddict

Pour	Préparation	Cuisson	Difficulté	Coût
1 personne	**5 minutes**	**2 minutes**	**Très facile**	**Bon marché**

INGRÉDIENTS

15 cl de lait

1 pincée de cannelle

1 pincée de noix muscade

1 jaune d'œuf

25 g de sucre

1. Faites chauffer le lait dans une casserole avec la cannelle et la noix muscade (attention à ne pas faire bouillir la préparation).
2. Mélangez le jaune d'œuf et le sucre dans votre tasse.
3. Ajoutez le lait dans la tasse en continuant de bien mélanger, dégustez !

Chocolat chaud
DU PÈRE NOËL

PAR emmy_17554864

Pour **4 personnes** | Préparation **10 minutes** | Cuisson **10 minutes** | Difficulté **Très facile** | Coût **Bon marché**

INGRÉDIENTS

50 cl de lait entier

20 g de crème liquide

150 g de chocolat pâtissier noir

1. Dans une casserole, versez le lait et la crème et portez à ébullition.
2. Pendant ce temps, cassez le chocolat en morceaux et réservez-le dans une seconde casserole.
3. Versez la préparation lait-crème sur le chocolat et mélangez à l'aide d'une cuillère en bois. Régalez-vous !

Thé de Noël

PAR loujea42

Pour **1 personne**

Préparation **10 minutes**

Repos **1 semaine minimum**

Difficulté **Facile**

Coût **Bon marché**

INGRÉDIENTS

5 cuil. à soupe de thé noir (ou vert, selon les goûts)

2 cuil. à soupe de 4-épices

1 écorce d'orange séchée

5 grains de poivre (ou baies rouges)

L'INDISPENSABLE

1 bocal type pot à confiture

1. Dans un bocal type pot de confiture, versez le thé et ajoutez 2 cuil. à soupe de 4-épices, 1 écorce d'orange coupée finement et 5 grains de poivre ou baies rouges.
2. Refermez bien le pot, mélangez en le secouant et laissez le thé s'imprégner du mélange pendant au moins une semaine.

ASTUCE

On peut varier en changeant d'épices ou d'agrumes (citron vert/gingembre).

RECETTES AVEC LES RESTES

RECETTES AVEC LES RESTES

Tourte au poulet, CHAMPIGNONS ET LARDONS

PAR danou

Pour	Préparation	Cuisson	Difficulté	Coût
4 personnes	30 minutes	35 minutes	Facile	Bon marché

INGRÉDIENTS

2 paquets de pâte brisée ou feuilletée au choix

Les restes de poulet effiloché (environ **400 g**)

75 g de lard

250 g de champignons (en boîte, bien égouttés)

1 noisette de beurre

½ **cube** de bouillon de volaille

1 cuil. à soupe de curry en poudre

20 cl de crème liquide

1 jaune d'œuf

Sel, poivre

1. Préchauffez le four à 180 °C (th. 6).
2. Étalez une première pâte dans un moule à manqué ou à tarte en faisant déborder pour le rabat final.
3. Émincez le poulet, le lard et les champignons, et faites revenir le tout dans du beurre pendant 5 min.
4. Ajoutez le cube de bouillon de volaille, le curry, la crème, salez et poivrez et mélangez bien.
5. Versez l'appareil dans le moule, puis étalez la seconde pâte dessus pour le couvrir. Soudez bien les bords et badigeonnez le dessus avec un jaune d'œuf. N'oubliez pas de percer une petite cheminée sur le dessus.
6. Enfournez pour 30 min, et dégustez, par exemple avec une salade verte en plat principal.

ASTUCE
Attention au lard, qui peut être déjà bien salé.

L'INDISPENSABLE

1 moule à manqué ou à tarte

RECETTES AVEC LES RESTES

SANS GLUTEN

Aumônière

DE FOIE GRAS

PAR sandrab

Pour	Préparation	Cuisson	Difficulté	Coût
4 personnes	30 minutes	10 minutes	Très facile	Assez cher

INGRÉDIENTS

1 pomme Golden

1 noix de beurre

Porto ou calvados

8 tranches de jambon cru

4 tranches de foie gras cuit

Ciboulette et persil

1. Coupez la pomme en 4 tranches d'1 cm d'épaisseur environ (retirez le trognon, puis le dessus et le dessous, avant de couper la pomme en 4 tranches horizontales).
2. Faites-les cuire dans une poêle beurrée jusqu'à ce qu'elles soient légèrement caramélisées, puis faites-les flamber au porto ou au calvados.
3. Pendant ce temps, disposez dans chaque assiette 2 tranches de jambon de façon à faire une croix.
4. Placez au centre 1 tranche de pomme flambée, puis 1 tranche de foie gras.
5. Fermez l'aumônière avec 1 tige de ciboulette et décorez d'un peu de persil.
6. Servez tiède ou froid.

RECETTES AVEC LES RESTES

Gratin de pâtes AU SAUMON FUMÉ

PAR rose_17245086

Pour	Préparation	Cuisson	Difficulté	Coût
2 personnes	10 minutes	15 minutes	Facile	Bon marché

INGRÉDIENTS

150 g de pâtes de votre choix

150 g de saumon fumé

1 œuf

20 cl de crème

1 petite cuil. à soupe de moutarde

Gruyère râpé ou comté

Sel, poivre

1. Faites cuire les pâtes *al dente* selon les indications données sur le paquet.
2. Pendant ce temps, découpez le saumon en petits morceaux.
3. Préchauffez le four à 240 °C (th. 8).
4. Dans un saladier, mélangez l'œuf, la crème, la moutarde, salez et poivrez.
5. Ajoutez le saumon et les pâtes à ce mélange, puis versez dans un plat et recouvrez de gruyère râpé ou de fines lamelles de comté.
6. Enfournez pour 5 min et dégustez !

ASTUCE

Vous pouvez ajouter du fromage blanc ail et fines herbes à la sauce...

NOËL ANTI-GASPI : QUE FAIRE AVEC LES RESTES DES FÊTES ?

S'il existe un moment dans l'année où la gastronomie est à l'honneur, c'est bien Noël et le Nouvel An. Mais c'est peut-être aussi au cours de ces repas de réveillon que nous nous retrouvons souvent avec pas mal de restes, car nous avons tendance à prévoir plus que nécessaire. Alors comment les utiliser pour ne pas les jeter ? Voici des idées recettes faciles et gourmandes pour accommoder les restes de 10 aliments incontournables des fêtes.

AVEC DU SAUMON

- Pâtes au saumon fumé, échalotes et crème fraîche
- Quiche de saumon fumé et poireaux
- Salade de lentilles et saumon fumé

AVEC DU FOIE GRAS

- Œufs cocotte au foie gras
- Salade d'endives au foie gras
- Feuilletés de foie gras et figues séchées

AVEC DE LA DINDE

- Salade César
- Risotto de dinde, petits pois surgelés et champignons de Paris
- Wok de dinde, petits légumes et nouilles

AVEC DES ESCARGOTS

- Crumble d'escargots au parmesan
- Velouté de cresson aux escargots et noisettes torréfiées
- Vol-au-vent d'escargots au vin blanc et cèpes

AVEC DU BOUDIN

- Tartines de boudin et pommes
- Hachis Parmentier de boudin
- Petits chaussons en pâte feuilletée et boudin noir

AVEC DU FROMAGE

- Tarte ou soufflé au fromage
- Sauce pour les pâtes
- Tartiflette

AVEC DU CHOCOLAT

- Verrines façon trifle poire-chocolat
- Fondue au chocolat et aux fruits
- Gâteau ou mousse au chocolat

AVEC DES MARRONS OU DES CHÂTAIGNES

- Soupe de potiron et châtaignes
- Velouté de châtaignes et lard croustillant
- Cake aux marrons glacés

AVEC DU PAIN

- Des croûtons
- Du pain perdu
- De la chapelure

AVEC DU VIN

- En glaçons pour réaliser une sauce plus tard

P. 7 : Goskova Tatiana / Shutterstock. P. 9 : Marmiton. P. 11: Magrig / Shutterstock. P. 13 : Marmiton. P. 15 : Marmiton. P. 17 : Marmiton. P. 19 : Marmiton. P. 21 : Brent Hofacker / Shutterstock. P. 23 : Aurore Nguyen. P. 25 : Foodpictures / Shutterstock. P. 26-27 : Flaffy / Adobe stock. P. 31 : Bruno Marielle / Sucré Salé. P. 33 : Marmiton. P. 35 : istetiana / Shutterstock. P. 37 : Ekaterina Kondratova / Shutterstock. P. 39 : stockcreations / Shutterstock. P. 41 : Nicol / Photocuisine. P. 43 : Marmiton. P. 45 : Marmiton. P. 47 : hlphoto / Shutterstock. P. 49 : Marmiton. P. 53 : margouillat photo / Shutterstock. P. 55 : Elena.Katkova / Shutterstock. P. 57 : Studio / Photocuisine. P. 59 : Marmiton. P. 61 : Anna Shepulova / Shutterstock. P. 63 : Lesya Dolyuk / Shutterstock. P. 65 : Manina Hatzimichali / Marmiton. P. 67 : Magdanatka / Shutterstock. P. 69 : Jasmine Fledderjohann / Shutterstock. P. 71 : Slawomir Fajer / Shutterstock. P. 73 : vanilla / Getty Images. P. 75 : Tatiana Vorona / Shutterstock. P. 76-77 : New Africa / Adobe stock. P. 81 : Marmiton. P. 83 : Dasha_Romanova / Marmiton. P. 85 : Korolevskaya Nataliya / Shutterstock. P. 87 : elena_hramowa / Adobe stock. P. 89 : Goskova Tatiana / Shutterstock. P. 91 : Marmiton. P. 93 : Elena Veselova / Shutterstock. P. 95 : Marmiton. P. 97 : marcin jucha / Shutterstock. P. 99 : nolonely / Adobe stock. P. 101 : AS Food studio / Shutterstock. P. 103 : Aurore Nguyen. P. 107 : Sokor Space / Shutterstock. P. 109 : Antonina Vlasova / Shutterstock. P. 111 : Little Adventures / Adobe stock. P. 113 : svittlana / Adobe stock. P. 117 : Danilova Janna / Shutterstock. P. 119 : Aurore Nguyen. P. 121 : Aurore Nguyen. P. 123 : Miriam Reeves / Shutterstock. P. 125 : Netrun78 / Shutterstock. P. 127 : Yulia Davidovich / Shutterstock. P. 129 : Oksana Mizina / Shutterstock. P. 131 : Edalin Photography / Shutterstock. P. 133 : simarik / Getty Images. P. 137 : Marmiton. P. 139 : Marmiton. P. 141 : irina / Adobe stock. P. 142-143 : Iryna Melnyk / Shutterstock.

Direction éditoriale :

Amanda Meiffret, Elsa Lafon et Amélie Marc

Direction d'ouvrage :

Anne Kalicky – Comptoir éditorial

Conception graphique et mise en page :

Caroline Joubert – Atelier du livre

Fabrication :

Christian Toanen et Nikola Savic

Photogravure :

PressProd

Dépôt légal : octobre 2021
ISBN 13 : 978-2-7499-4763-1
LAF3126F
Achevé d'imprimer en Espagne